歴史文化ライブラリー

84

# 啄木短歌に時代を読む

近藤典彦

吉川弘文館

JN214306

# 目次

天才の頭脳に「時代」が映る……1

近代の断片

月に吠える・砂山・利己心など……4
旧民法・中学校・十五の心など……26

北海道の近代

函館の街・札幌の空……46
小樽での騒動・釧路での恋……67

近代都市と望郷

近代都市東京に生きる……94
産業革命と望郷の歌……120

近代日本のネガ

赤旗事件……142

幸徳秋水の闘い……147
韓国併合……166

## 近代女性のイメージ

妻・女教師・看護婦……182
橘智恵子……200
参考文献
あとがき

# 1　天才の頭脳に「時代」が映る

石川啄木はとびきり感度のよい頭脳の持主でした。それは彼の作品——短歌・詩・小説・評論・日記・書簡など——にうかがうことができます。彼の高感度の頭脳は同時代を映し出しただけでなく、しばしば未来をも映し出したくらいです。

ところで、石川啄木は一八八六年（明19）から一九一二年（明45）までの二六年間を生きましたが、そのうちの約二一年間は日本の経済システムが激しく変動し再編成された時期でした。基本的に江戸時代を引き継いでいた経済体制が資本主義的な体制へと編成がえされてしまったのです。すなわち産業革命の時期（一八八六〜一九〇七年）でした。残りの五年間は資本主義の全面的展開の開始期にあたります。彼の生きた二六年間は社会の構造も国際関係も人心も激動した時代でした。

わたくしは本書において「近代」ということばをしばしば用いますが、これは「資本主義化の時代」というのと基本的に一致していると考えてください。(産業革命期が資本主義の基礎をつくりあげた時期だとするとその時期はとりもなおさず近代化の基礎づくりがなされた時期の意味になります。)

さて、石川啄木の高感度の頭脳ということを最初に述べましたが、その頭脳が彼の生きた時代をどのように映したのか、これを彼の短歌の中に探ってみよう、というのが本書の試みです。つまり啄木短歌に時代を読んでみようというのです。


執筆にあたっては、わたくしの知っているたくさんの大学生や高校生を思いうかべつつ、彼らにも読んでもらえるものを、と心がけました。ときには理屈っぽいことも書きましたが、そういう箇所はとばしていただいてもけっこうです。本書はどの歌からでも読めるようになっています。

わたくしは本書を、とくに若い人に読んでもらいたいのです。

# 近代の断片

# 月に吠える・砂山・利己心など

わが泣くを少女等《をとめら》きかば
病犬《やまいぬ》の
月に吠《ほ》ゆるに似たりといふらむ
石川啄木『一握《いちあく》の砂《すな》』（一九一〇年一二月）所収の歌です。この歌について

**月に吠える**　はあやまった解釈が横行しています。たとえば「月に吠える病犬の姿に、現実に疲弊《ひへい》しきってむなしい救いを求める人間との類似を見ている」（今井泰子）といった解釈です。岩城之徳氏も同様の解釈をしています。一九九三年に出た『新編 啄木歌集』（岩波文庫）はよくできた歌集ですが、編者の久保田正文氏は「解説」の中で右の歌につ

いてこう書いています。「〈病犬〉は、〈びょうけん〉と訓《よ》ませるほうが、語感としてフレッシュなのではないか」「もっとも『大言海』その他の国語辞典において、〈病犬《やまいぬ》〉はあるが、〈病犬《びょうけん》〉は無い」と。

しかしその『大言海《だいげんかい》』の「やまいぬ」の項に記してあるのは以下のとおりです。「〔病《ヤマヒ》犬《イヌ》ノ略〕病アリテ狂フ犬。狂犬」つまり「病犬」とは狂犬のことなのです。この歌を作る三年ほど前、啄木は正宗白鳥《まさむねはくちょう》の短編小説集『紅塵《こうじん》』を読み「感慨深し、我が心泣かむとす」と記してますが、同書中の「妖怪画」という小説に「病犬《やまいぬ》だと社会へ嚙《か》みついて来るから、まだ面白いが……」とあります。狂犬の意です。また掲出《けいしゅつ》歌が作られるふた月ほど前に出た詩歌雑誌『創作』の八月号に北原白秋《きたはらはくしゅう》のこんな歌もあります。「夏の日は病《やま》犬《いぬ》寝《い》ねておそろしきその門辺《かどべ》まで行きてかへりぬ」と。これも狂犬です。『新潮 現代国語辞典』ではまさにこの狂犬の意の用例として掲出歌をあげています。

つまり「病犬」には病気で疲れきった犬という意味は核心にはなく、舌を出し、よだれをたらし、何にでもかみつくおそろしい病気にかかった犬、こそがその意なのです。こう理会《りかい》すると歌の意がまるで変わってしまうことは明らかです。

次に「月に吠《ほ》ゆる」。これはシェークスピアの『ジュリアス シーザー』の第四幕第三場《ば》、ブルータスの次のセリフから来た句であろうと思われますが、わたくしはまだ啄木の出典をつきとめきれないでいます。

「そんな羅馬《ローマ》人になる位なら、寧《むし》ろ犬になって月に吠えたほうが優《まし》だ。」（坪内逍遙訳）

原文は、

I had rather be a dog, and bay the moon,
Than such a Roman.

です。この“bay the moon（月に吠える）”は成句になっています。

「少女等きかば」の「少女《をとめ》」には世の中のみにくさ、やりきれなさをまだ知らぬ清純でやさしい心をもった十代の女性、といったふくみをくみとってください。

では歌を解釈してみましょう。

〈私の心の中の憤懣《ふんまん》、悲しみをそのまま泣くという行為にうつしたならば、その泣き声を少女等は、舌を出しよだれをたらして何にでもかみつこうとする狂犬が月に向かって吠えているようだ、と言うことであろう。〉

## モダーンな歌

詩人は今なんという激しい悶《もだ》え、悲しみをかかえているのでしょう。狂気を発せんばかりの悲しみ、とは何でしょう。この歌を作ったのは一九一〇年（明43）一〇月半ばですから、当時の啄木の苦悩を推しはかることはできます。この年五月末から、明治天皇暗殺未遂のかどによる幸徳秋水《こうとくしゅうすい》らの検挙が始まりました。いわゆる大逆《たいぎゃく》事件の発覚です。啄木は事件を根底的に理解しようとして社会主義や無政府主義の研究をはじめ、そうして獲得した視座から、自分の生きている社会や時代を新たに考察し、「時代閉塞《へいそく》の現状」という認識に到達します（八月）。そしてこの現状をもたらした元凶としての「強権」＝天皇制国家と正面から対峙《たいじ》する決意を固めます。相手の強大さに圧倒され、無力感におそわれたり、焦《あせ》り、身もだえることもあったでしょう。そうした自分の心情を「病犬の月に吠ゆる」イメージで表現したのだとわたくしは思います。ちなみに“bay the moon”には、無駄な不平を言う、という意味もあります。

同じころの作に、

手も足も出ずと呟《つぶや》きて手も足も投げ出して寝る男の顔かな

というのもありますが、これもまた「時代閉塞の現状」に「手も足も出」ない自分を戯画化して詠《よ》んだものでしょう。

いつもいつも「病犬の月に吠ゆる」ような心理状態でいては人間もちません。「病犬」ならぬ狂人になってしまいましょう。同じ九月九日夜に、

いらだてる心よ汝《なれ》はかなしかりいざ〳〵少し欠伸《あくび》などせむ

などとうたい、ガス抜きもできる別の啄木もいます。

ともあれ掲出歌は次のいくつもの点できわめて近代的《モダーン》であります。

まず、一九一〇年前後という日本近代史上でもエポックメーキングな時代の状況が内面化されて彫りこまれているという点で。

次にこの時代に特徴的な自我の意識を鮮烈に——絵画的なイメージにまで高めて——対象化している点で。

第三に、「月に吠ゆる」がシェークスピアの成句から来ているとすると、西洋的なものを日本のもっとも伝統的な文学形式（和歌）の中にとかしこみ、これまでの日本人が知らなかった、えもいえぬ光沢を生じさせているという点で。

啄木と同年生まれ（一八八六年）で熱い啄木ファンであった萩原朔太郎《はぎわらさくたろう》がその第一詩集——口語自由詩の金字塔——に「月に吠える」と命名したのは、この歌に由来しています。

朔太郎が出たところで次の一首もあげておきましょう。

あたらしき背広など着て
旅をせむ

しかく今年も思ひ過ぎたる

## 啄木と朔太郎

さきにあげた『創作』八月号に北原白秋の「新らしき紺の背広を着しひとのあゆみをおもふ水仙の花」というのがありますが、啄木は「あたらしき背広」という近代的な歌材をおそらくこの歌にヒントをえて摂取したと思われます。

さてその一行目「あたらしき背広など着て」ですが、お金をはりこんで新調した洋服などをはじめて着て表に出るときの、その人だけが知るおもはゆさ、少々の晴れがましさ、そうした気分がここにこめられています。日常性からのささやかな脱出の気分です。「旅をせむ」「旅」これこそ日常を脱して新しい土地、新しい事物、はじめての人々等に出会い心身をリフレッシュする時、「あたらしき背広」はまさにかっこうの、いわば小道具です。

「しかく今年も思ひ過ぎたる」そのように今年も思ったが今年も過ぎてしまった。二〇世紀初めの日本の庶民にとって一、二行目の願望はまことに非現実的でした。啄木自身「あたらしき背広」はおろか古い背広も持ったことはなかったのですから。したがって一首には当時の庶民の現状が巧みに映し出されているわけです。現在の日本人にとって三行目はすでに過去のものでしょうか。国内外への旅行ブームがしばらく続きましたが。しかし一、二行目の発想は九〇年経っても新鮮さを完全に保っています。

自分がきめた時間に自分の計画にしたがって働く農民らとはちがい、資本家がきめた時間に資本家の計画にしたがって働くのが近代労働者です。労働時間の計量こそが近代生活の根幹といってよいわけです。近代は他人によって自分の時間が管理されることを特徴としているがゆえに、そしてまた外界に関する情報が厖大《ぼうだい》化したがゆえに、日常性からの脱出という願望を普遍化しました。その傾向は強まる一方ですから啄木の発想は常に新鮮なのだと思います。

萩原朔太郎はこの歌を愛誦したにちがいありません。次の詩がその証拠です。

旅上

ふらんすへ行きたしと思へども
ふらんすはあまりに遠し
せめては新しき背広をきて
きままなる旅にいでてみん。
汽車が山道をゆくとき
みづいろの窓によりかかりて

われひとりうれしきことをおもはむ
五月の朝のしののめ
うら若草のもえいづる心まかせに。

「みづいろの窓」についてだけ解説しておきます。環境の美しかったころ、朝と夕方に空気が美しい「みづいろ」またはうす紫になることがあったものです。「五月の……しののめ」汽車の外の空気は「みづいろ」なので車中の人にとって汽車の窓はどれも「みづいろ」の窓なのです。

「新しき背広」といういかにも近代的な歌材が白秋の歌の中に生まれるやそれが啄木の歌に飛躍し、そして朔太郎詩を生成する。ほぼ同年齢の若き詩人たちの興味深い内的影響ぶりです。

砂山の砂に腹這《はらば》ひ
初恋の
いたみを遠くおもひ出《い》づる日

大森浜の砂山（1940年代後半の撮影と思われる）

## 巨大な砂山

「砂山」　これは函館の大森浜にあった砂山です。
海に沿って約一五〇〇メートルにわたって起伏し、幅は最大約三七五メートル、高さは最高二一〜二メートルの砂丘をイメージしてください。詩人は今その砂山のどこかに腹這《はらば》っています。腹の下に砂のあたたかさを感じながら、視線は青い海のかなたに放たれているのでしょう。眼下のなぎさには真っ白い波がくだけ、高い潮の香が風にこめられて詩人の鼻を撲《う》つことでしょう。

海の青が空の青によって限られるあたりに下北半島が見えます。岩手県の故郷渋民村《しぶたみむら》を捨て函館にやってきた啄木は今、そのゆたかな想像力によって半島を南下します。青春の地盛岡か故郷渋民に帰っていったのです。そしてそこで「初恋のいたみ」にふれてしまった。その「いたみ」をはるかな過去の時間からもちこしつつ彼の意識は砂山の上の今にもどってきます。

大きな美しい空間とはるかな時間と青春の人事とがこの三行三十一文字の中に凝縮されています。

啄木はこのほかにも、
　潮かをる北の浜辺の
　砂山のかの浜薔薇《はまなす》よ
　今年も咲けるや
など四首もこの砂山を歌にしています。しかし今大森浜に行ってもあの巨大な砂山の姿はかき消されています。そういえば国木田独歩《くにきだどっぽ》の「運命論者」に出てくる鎌倉の砂山も、白秋が「暮れりゃ砂山／汐鳴《しほなり》ばかり」とうたった新潟の砂山もかき消されました。それらの砂山はどこへ行ったのでしょう。都市の高層建築や舗装道路やダムに化けたのでしょうか。掲出歌を含む啄木の「砂山」の歌々は近代化の波がやがてかき消すであろう砂山のモニュメントとなっています。

**近代的恋愛観**

次に「初恋」の二文字に注目してみます。この語は近代以前からありましたが、特有の甘美さをともなって広く無数の人々によって用いられるようになるのは近代になってからだと思われます。つまり「初恋」はすぐれて近代的なことばなのであり、近代的恋愛観の一つの表われなのではないかと思われます。

「恋愛は人世《じんせい》の秘鑰《ひやく》なり、恋愛ありて後《のち》人世あり、恋愛を抽《ぬ》き去りたらむには人生何の色味かあらむ」北村透谷《とうこく》の「厭世詩家《えんせいしか》と女性」（一八九二年）の冒頭にすえられた有名な一節です。「秘鑰」とは秘密のかぎ、のこと。

初期社会主義運動の重鎮の一人、新聞記者・作家でもあった木下尚江《なおえ》（一八六九～一九三七）は満六五歳になってからこう回想しました。

恋愛は人世の秘鑰なり。

この一句はまさに大砲をぶちこまれた様なものであった。この様に真剣に恋愛に打込んだ言葉は我国最初のものと想う。それまでは恋愛――男女の間のことはなにか汚いものの様に思われていた。

若き日の島崎藤村《とうそん》（一八七二～一九四三）も「厭世詩家と女性」を読みすすめていったとき、「すくなくも自分等の言おうとして、まだ言い得ないでいることを、これほど大胆に言った人があろうか」と思い、「電気にでも触れるような深い幽《かす》かな身震いが」「身内を通過ぎた」といいます（『桜の実の熟する時』）。

尚江も藤村も当時の社会の一部を覆っていた風潮――性を不潔視しひいては恋を不潔視する風潮と若い男として当然の女性思慕の情との板ばさみに悩んでいました。そこへ透谷が英語の love を「恋愛」と訳し力強く「恋愛」讃美を宣言したのです。尚江と藤村のそのときの感動は多くの青年男女のものでもあったと思われます。

透谷の「恋愛」論はもう一つの意義をもっていました。透谷のいう「恋愛」とはこれまでの日本人の知らなかった新しい概念だったのです。

もちろん日本人は「恋ふ（名詞形恋ひ）」「したふ」「おもふ」あるいは「ほれる」「すき」など男女間の情を表現することばをたくさんもっています。代表的なことばは「恋ふ」でしょう。『岩波古語辞典』のこの語の解説は興味深いものです。「ある、ひとりの異性に気持も身もひかれる意。『君に恋ひ』のように助詞ニをうけるのが奈良時代の普通の語法。これは古代人が『恋』を、『異性ヲ求める』ことでなく、『異性ニひかれる』受身のことと見ていたことを示す。……」。

辞書は「恋」という語のそもそもが持っていたすてきなニュアンスを伝えてくれていますが、注意していただきたいのは「気持も身も」の部分です。『万葉集』や『伊勢物語』『源氏物語』等々の時代から、明治の二〇年代まで、日本人の「恋」の概念にあっては、相手を「好きだ」という気持と相手の肉体に対する欲求とは渾然《こんぜん》一体となっていました。

透谷は未分化の「恋」の概念を「恋愛」と「性愛」とに分離したのです。透谷の「恋愛」は相手を「好きだ」という気持を基礎にした、しかし性愛なしに成立する「男と女の情感豊かな知的・精神的な相互交流」（もろさわようこ）を意味していました。この「恋愛」を大胆に高らかにたたえたのです。

## 初恋のいたみ

こうして日本人は、性欲・性愛を捨象した「恋愛」、そうした意味での「恋」ということを知るようになります。樋口一葉《ひぐちいちよう》の「たけくらべ」（一八九五年一月〜九六年一月）は「少年少女も一つの人格である」「少年少女も（右の意味での恋なら）恋の主体たりうる」という明確な認識が基底にあって創作されたのではないか、とわたくしは想像しています。約一〇年後の伊藤左千夫《さちお》『野菊の墓』（一九〇七年四月）にも同様のことが言えそうです。

右のような恋愛観がくっきりと姿を現わしてくることで、そのような「恋愛」「恋」の原型としての、純粋型としての「初恋」が人々の意識にのぼってきたようです。初恋をする年齢は少年少女時代が一般ですから性愛関係にまですすまないのがふつうです。したがって「初恋」の概念においては性欲・性愛は捨象されています。「初恋」はすぐれて近代的なことばといえましょう。

「たけくらべ」の美登利《みどり》と信如《しんによ》、『野菊の墓』の政夫と民子の恋は小説に描かれた典型的な「初恋」です。

島崎藤村の「初恋」と題する詩（一八九六年一〇月）はあまりにも有名ですが、四連から成るこの詩の第三連のみ引いてみます。

わがこゝろなきためいきの
その髪の毛にかゝるとき
たのしき恋に盃《さかづき》を
君が情《なさけ》に酌みしかな

ここには性愛の芽が動いており、それが「初恋」ということばの境界を内側から破って表に出てきそうな緊張があります。作者自身「初恋」の題にふさわしくないというので、この連を省いて活字にした時期もあります。

さて、詩で「初恋」をもっとも美しくうたったのが藤村であるとすると、短歌で「初恋」ということばをもっとも印象的に用いたのは啄木ということになりましょう。

掲出歌にもどります。この歌における「初恋」はもちろん概念どおりなのですが、この語のあとに「いたみ」ということばがつづいてます。いったい「初恋のいたみ」とは何だったのだろうか、少し考えてみたいと思います。

一八八六年二月生まれの石川一《はじめ》（啄木）と同年一〇月一四日生まれの堀合節子が出合

い、恋が始まったのは九九年（明32）。石川一は盛岡中学校三年生、節子は私立盛岡女学校二年生、二人とも数え年一四歳（誕生日がくれば満一三歳）の年でした。

二人にとってこの恋は文字通りの「初恋」でした。初恋はふつうまだ「恋愛」の範疇《はんちゅう》にあるうちになんらかの事情で終わってしまうものですが、啄木・節子の「初恋」は透谷的なかなり高度の「恋愛」に達し、やがてそれを突き破って性愛にまで至ってしまった（一九〇三年一一月ごろ）といわれています。そして周囲の反対を押しきって婚約（〇四年一月）、二人はまだ満一七歳でした。近い将来戸主となって父母・妻を扶養せねばならぬ現実に直面して啄木は愕然《がくぜん》とします。翌〇五年五月啄木は自分の結婚式に欠席します。こうして多くの人々に迷惑をかける波乱の日々の中へ節子を引きこんで行きました。

したがって函館の砂丘に腹這って下北半島のはるか南の盛岡・渋民に想像の翼にのって帰っていった啄木が「初恋」の日々に至りついたとき、その「初恋」は「いたみ」なしには思い出しえないものなのでした。

かなしきは
飽《あ》くなき利己の一念を

持てあましたる男にありけり

〈もうどうしようもない、と切なくなるのは飽《あ》くなき利己心を持てあました石川啄木という男のことであったよ。〉

## 利己の心に倦む

「利己」とは「自分一人だけの利益をはかること」と解されますが、啄木の場合彼がもっぱらはかろうとした自己の利益とは何だったのでしょう。金だ女だ酒だといった即物的なものではありません。彼は幼児期・少年期に両親をはじめとするさまざまの人たちの愛を満身に受けて成長したので、大変自己を信ずることの厚い人間になりました。それは同時に自分自身をこよなく大切にする人間という意味でもあります。そして自己の願望は実現しないではいられない人間になりました。後世から見て彼はたしかに天才に恵まれていました。彼は自分の文学的天才を少年のときすでに予感していました。彼の生涯をかけた願望、それは自己の天才の実現でした。彼は「自己発展」「自己拡張」の強烈な欲求につきうごかされて生きていました。そのために両親、姉妹、妻子、友人、知己にずいぶん迷惑をかけました。有名な借金伝説もそこから生じます。「石をもて追はるるごとくふるさとを」出ることにもなります。北海道をさすらうことにもなります。小説を書くために単身上京を敢行したりもします。それらがどんなに妻や両親に犠牲を強いているか、親戚や友人知己に迷惑をかけているか、卓絶した意識の人啄木には見えすぎ、分かりすぎます。それでも願望の実現をめざさずにはいられぬ自分、それが「飽くなき利己の一念を持てあましたる男」です。「かなし」とは、自分の力ではとてもおよばないと感じる切なさをいう語です。

「卓絶した意識の人啄木」と今書きましたが、その卓絶した意識は世界や日本にも、人類の未来にまでも向かっていました。ただ自分の心の中をうじうじと窺《のぞ》いているタイプとは正反対でした。しかも自己省察という点でもまれに見る鮮やかさをもっていたわけです。

次の歌も味わうほどに味の出てくる歌です。

こころよく
人を讃《ほ》めてみたくなりにけり
利己の心に倦《う》めるさびしさ

つづいて、当時の帝国鉄道北海道線の「さいはての駅」釧路に向かう長旅の中での自分の意識を、二年半後にくっきりと描き出すすごさを次の歌に見てください。

いたく汽車に疲れて猶《なほ》も
きれぎれに思ふは

我のいとしさなりき

の意。次は釧路でのあるときの自分の意識を彫《え》り出した歌。「その」は料亭鶤寅《しやもとら》の芸者小奴《こやっこ》の、

その膝《ひざ》に枕しつつも
我がこころ
思ひしはみな我のことなり

さて、ここで啄木のもてあました「利己の心（エゴイズム）」のもつすぐれて近代的な意味について少し考えてみましょう。

## 商品生産と利己心

人間は生物のうちの動物の一種ですから、自己保存の本能をもっています。利己心はこの本能の人間における一つの表出形態と考えられます。したがって利己心はいつの時代の誰の心にも本来的にはそなわっています。ホメロスの『イリアス』や『オデュッセイア』の人物たちにも『古事記』や『日本書紀』の人々にもそれは見られます。より原始的な狩猟民族においてもまたしかり、です。

この本能を源泉とする利己心の近代における表われ方が、近代的利己心（利己主義）となります。そしてこれは日本近代文学のきわめて重要なテーマでありました。なぜそうな

ったのか。日本の近代化の過程で利己心あるいは利己主義の問題が叢生《そうせい》したからです。

近代以前（今は日本の歴史だけを見ています）の社会つまり封建社会は変化ということをきらう社会です。封建的主従関係、武士と農民の関係等の固定こそが封建社会の永続を保障するのです。この「固定」のためには人間の利己心を押えこんでいかなくてはなりません。一方では刀をつかって押えこみましたが、他方で儒教道徳をつかって押えこもうとしました。君には忠でなければならぬ、親には孝でなければならぬ、男に女は従わねばならぬ等々、儒教道徳とは「ねばならぬ」の道徳です。言い換えれば、利己心を徹底的に押えこむ道徳です。徳川時代が二六〇年以上もつづいたということはそれがうまくいったことを証明しています。

しかし農村における生産諸力の発展は、日本社会の内部に商品生産のネットワークを拡大していきます。それは封建社会の解体を、したがってまた封建道徳の解体を促しました。やがて明治維新を迎え、そして産業革命の時を迎えます。産業革命は商品の大量生産のはじまりですから、人々を商品生産＝商品流通の世界へどんどんどんどん引きこんでいく過程のはじまりでもあるわけです。ということは封建社会から残存する諸関係や諸道徳が解体し、人々がそれらから解放される過程ということでもあります。封建的な道徳から解放され、自由に動きはじめた人間の心の中央にはもともと利己の心があるわけですから、世の中にはこれが跳梁跋扈《ちょうりょうばっこ》しはじめます。

いいなずけの鴫沢宮《しぎさわみや》がダイヤモンドに目がくらんで資産家富山唯継《とみやまただつぐ》に嫁《とつ》ぐことになったのを恨んだ間貫一《はざまかんいち》は、金銭の鬼つまり「金色夜叉《こんじきやしゃ》」と化し、金をもうけるためならどんな冷酷無惨をも辞さぬ男となります。一八九七年（明30）から『読売新聞』に連載されはじめたこの小説『金色夜叉』（尾崎紅葉）は、日清戦争（一八九四〜九五年）を経て進展の度をはやめた産業革命期の重要な特質をうまくつかまえています。より大量の商品が生産されるとより多量の貨幣が流通し、より多くの人が商品＝貨幣関係にひきこまれていきます。世の中でお金の威力は増す一方となります。そのお金の威力にとりつかれ、金をもうけ、ためることを生きる目標にし、そのためならどんなに他人をふみにじってもこれを顧みない間貫一、これも利己心（エゴ）のまことに近代的な一つのかたちです。

内田魯庵《ろあん》の短編小説集『社会百面相』はこれと同時代の世相を扱っています。資本と結託する代議士たち、出世めあてに「彼様《あん》な妖怪《ばけもの》」の伯爵令嬢と結婚する高級官僚、株屋に危い株をつかませられあわてふためく資産家、金や女に狂い、政治に手を出す宗教家たちなど一〇〇年後の今のことかと錯覚する話をはじめ、私的利益、私的欲望のために右往左往する人々を活写しています。魯庵は別に利己心の問題を追究しているわけではないのですが、産業革命たけなわのころに特徴的な世相を描いており、われわれは、その奥にある利己心のさまざまのかたちを透かして見ることができます。

## 個人主義

以上のような低俗な利己心に対してもっと高度の利己心があります。たとえば与謝野《よさの》鉄幹《てっかん》（寛《ひろし》）が『明星』（一九〇三年〔明36〕七月）で説く「自我発展」という考え方です。自分の能力を円満に発展させること、に真の生き甲斐《がい》があるという考え方です。これはさきに見た啄木の「利己の心」と共通する考え方です。鉄幹は自分の「自我発展」の尊重は当然他人の「自我発展」の尊重へと至るのだ、といい結局「自我発展と愛他心」ということをいいます。このような考え方はもはや利己主義ではなく個人主義と呼ばれるべきものです。

啄木はこうした考え方を「一元二面観」と称するより論理的な考え方にまとめました。〈宇宙の根本は絶対意志（つまり一元）である。そしてこの意志は自己拡張の意志と自他融合の意志（つまり二面）によって成り立っている。自分はこの宇宙の根本意志に従って生きるのだ。したがって自分の場合、猛烈な自己拡張を行なっていくがそれは常にそれにふさわしい愛（自他融合）と一体であるのだ。この考え方は個人主義であって利己主義とは「雲泥の差」がある〉という論です。

こうした考え方がほぼできあがったのは一九〇三年（明36）九月ごろ、そして北海道時代の生活の中で崩れはじめ、〇八年（明41）の上京（四月）前後には捨てられます。「かなしきは飽くなき利己の一念を持てあましたる男になるかな」と詠んで『創作』に発表したのは一〇年（明43）五月のことです。

# 旧民法・中学校・十五の心など

解けがたき
不和のあひだに身を処《しょ》して、
ひとりかなしく今日も怒《いか》れり。

**旧民法と家**

「解けがたき不和」とは啄木の母カツと妻節子との間の不和です。つまり姑《しゅうとめ》と嫁の間の不和です。

今見た「個人主義」は日本近代の正の一面であるとすれば、これからふれる「家」の制度における女性のみじめな位置は負の一面であります。

旧民法（一八九八年〔明31〕七月一六日全編施行）の親族・相続編は女性にとってむごい

法律でした。この旧民法下の「家」における女性の位置を覗《のぞ》いてみましょう。

まず民法上の「家」ですが、これは、戸籍の上に、ひとまとめに書き列べられている人々の記帳上の集団、のことです。一つの戸籍に戸主A、妻B、長男Cが書き列べられていると、この三人がA家を構成します。Cが他県で勤務し独立して生活し、そこでDと結婚したとします。Dさん（この人の位置を目立たせるために、さんづけにします）はCと二人で世帯をもってもAの戸籍に記入されるので法律上は夫の「家」つまりA家の人となります。

こうした「家」の統率者・支配者が「戸主」です。Dさんは入籍と同時に自動的に戸主Aの支配下に入ります。戸主は家族に対してつまりB、CおよびDさんに対して居所指定権を持っていました。（夫Cも妻Dさんに対して居所指定権をもっていました。）戸主Aがなにがしかの財産を持っていて、C・Dさんの間に長男Eができ、Cが死んだとします。A家の財産は将来Eに移るわけですが、Eに対して母のDさんが親権者になります。Aは他家から来た娘のDさんが死んだ息子の財産を管理するのは好ましくないと考えたとき、それを邪魔する一つのやり方として、居所指定権を用いました。嫁のDさんがどうしても服従できない居所を指定し、それに従わないと離縁するわけです。

もしEが乳のみ子で母のDさんがこの子を連れて実家にもどったとします。DさんはA家の籍を抜かれましたが、子供のEはA家に属しており、Eの監護教育権も離れて暮らしている戸主Aにあるというわけです。

以上においては関係をもっとも単純化して眺めましたが、実際にはDさんの亡夫Cは姉や弟妹がいるのがふつうで、他家から来たDさんは舅《しゅうと》、姑《しゅうとめ》、小舅《こじゅうと》、小姑《こじゅうとめ》たちの包囲の中にあることがしばしばでした。

戸主はまた婚姻・養子縁組・去家《きょか》などに関する同意権ももっていました。DさんはA家に嫁《とつ》ぐ前は、実の父親なり祖父なりが戸主だったわけですが、好きな男性との結婚を戸主の不同意によって断念させられた、といった経験もしたかもしれません。

またDさんはCと結婚したことでCの妻となりましたが、そこで待っているのが悪名高い民法第十四条、妻の無能力規定でした。

## 妻の無能力規定

能力とは、独立して自ら取引をなしうる精神的成熟のことで、これに欠けることを無能力といいました。女は結婚して妻となれば無能力者となるのです。この民法では、無能力者は四種類ありました。①未成年者。②禁治産者《きんちさんしゃ》。二四時間意識が正常に復することのない精神病者がこれに該当します。③準禁治産者。②よりはるかに軽度の精神障害者、聾者《ろうしゃ》、唖者《あしゃ》、盲者、浪費者がこれに入ります。④妻。

妻の無能力の程度はだいたい準禁治産者に準じ、借財、保証、不動産処分等の行為は「夫ノ許可」なしにはできないのでした。（ついでにいえば一九〇〇年公布の治安警察法では、女は「政事上ノ結社ニ加入スルコト」も「政談集会ニ会同」することも禁ぜられていました。未成年者と同じあつかいでした。）

Dさんは無能力者となったわけです。

結婚生活に入ってしばらくして、夫Cにさまざまの不品行がありDさんが離婚したいと思っても、たいていは泣き寝入りに終わりました。まず離婚訴訟を起こすこと自体が大変なことです。訴訟を起こしても、法定の離婚原因が成立しなければならない。たとえばDさんが他の男性との間に一回でも肉体関係をもてば離婚原因となりますが、夫が妾《めかけ》、芸者、売春婦、あるいはお手伝いさん等といくら関係をもっても離婚原因とはなりえません。それになによりも特別に恵まれた女性以外には独立の生計を営めるような仕事がありません。離婚した女性の生活保障に対しては民法はまったく無関心です。離婚後に財産のある女性はまれです。こうして離婚後の生活不安が女性の動きを押しとどめます。子供のいる女性は離婚によって子供と引き離される可能性が非常に大きく、これも離婚を思いとどまらせる一因となりました。

## 姑になる

以上のようなそしてその他もろもろの事情で、女性は極力忍耐を強いられました。とくに夫婦関係がうまくいかない場合、夫に早く死に別れ再婚しない場合などには、女性は活路を子育てに見出すことが多かったようです。そこに旧民法下独特の、一つの典型的母親像が生まれました。自分自身の現在の幸福を犠牲にして子供たちの成長に（可能性があるなら立身出世に）エネルギーを注ぎ、一人前になったときに手に入るであろう幸福にすべてを託すわけなのです。子供が何人もいた場合は母親の愛情と期待はとくに長男にそそがれました。なぜならあの民法下では長男の位置は異常に高く、それが母親を含めた人々の意識を支配していたからです。さきほどのDさんにもう一度登場していただきましょうか。AとBが亡くなり、Cが家督《かとく》を相続したとします。子供はE（長男）の下にF（女）・G（男）・H（女）がいたとします。夫Cも亡くなったとします。Cが残した財産は一文もDさんのところに来ません。F・G・Hのところにも来ません。家督は長男一人が継ぐのです。そしてEが母や弟妹を扶養するのです。したがって母にとっても弟たちや姉妹たちにとっても長男は特別な存在なのです。だから長男への愛情や期待は自然に特別なものとなっていったのです。当時の文学を読むとき、長男が登場したらこの観点でごらんになると裏に旧民法が見えてくるでしょう。

さて、長男が一人前に成長し、Dさんにそれまでの苦労の報いられる日が来ました。女性に残されたほとんど唯一の活路をついに歩みきり目標にひとまず到達したわけです。ようやく忍従の境涯を脱しようとしています。辛酸をなめてきた女性たちは（Dさんも）、この段階に到達したとき実はある変態の準備を完了しているのです。そして長男の結婚と同時に変態します。すなわち姑《しゅうとめ》になるのです。

彼女にとって長男の配偶者は、長男の妻ではなくてこの家の嫁なのです。「嫁」という字がいみじくもそれを表わしています。

『金色夜叉』とならぶ当時の大ベストセラー『不如帰《ほととぎす》』（徳冨蘆花、一九〇〇年）で愛し合う川島武男と新妻浪子《なみこ》との間を強引にひきさく武男の母お慶の言動に「姑」なるものがよく表われています。もちろん立派な姑もたくさんいたはずですし、仲のよい嫁姑もたくさんあったはずです。しかし後者は特殊で前者は一般です。

## 啄木の場合

啄木の掲出歌一首のために多く書きすぎたようです。歌にもどります。

啄木の母カツは当時にあってさえまれなほど長男の一《はじめ》を溺愛して育てました。一に託した期待も絶大でした。カツからすれば長男の嫁節子は結婚前後のいきさつからして、気にくわなかったうえに、同居してみればひどくしんの強い嫁です。節子からすれば姑カツは「ほんにえぢ（意地）の悪いばあさん」で「内のお母さんくらいえぢのある人はおそらく天下に二人とあるまい」となります。この二人は啄木がろくに生活費も送らなかった一年と何ヵ月かを、函館で、啄木ぬきで、同居しました。この間に二人の不和はまったく解けがたいものとなったといわれます。この二人と啄木と娘京子と父一禎《いってい》とが四畳半と六畳の家（喜之床《きのとこ》の二階）に暮らしていたころの様を想像すると、息がほんとうにつまっただろう、と思われます。啄木は母と妻の「不和のあひだに身を処して」はみるものの、それはいつもその場しのぎでしかありませんでした。

猫を飼はば、
その猫がまた争ひの種《たね》となるらむ。
かなしきわが家。

姑と嫁の不和は近代日本の全体を網の目のように覆う、もっともいじましい悲劇でした。

教室の窓より遁《に》げて
ただ一人

かの城址《しろあと》に寝に行《ゆ》きしかな

この歌は一九一〇年（明43）一〇月の作と推定されます。まず「教室」。一首は盛岡中学校時代の回想歌を編んだ「煙」という章の「一」に収められた歌ですから、盛岡中学校の教室、ということになります。ただしこの中学校の正式名称ということになるとややこしくなります。啄木が入学したのは一八九八年（明31）四月ですが、その一年前の九七年五月までは「岩手県尋常中学校」でした。同年四月から「岩手県盛岡尋常中学校」となりこの校名のとき啄木は入学します。しかし翌年四月からは「岩手県盛岡中学校」となり、二年後（明34）の四月からは「岩手県立盛岡中学校」です。

## 中学校の整備

このあわただしい校名変更は九九年（明32）前後から全国的に、中学校の設備・施設・学科課程の飛躍的充実が図られたこと、と深く結びついています。そしてその傾向のより深部には、産業革命の進展が押し上げてくる中学校教育制度改革の要求が、また中学校進学者の増大があったものと思われます。

たとえば九九年四月までの五年間に盛岡中学校の全校生徒数は二倍（五二〇人）にふくれあがっています。これは全国的な中学生数増大傾向の一環をなしています。九三年（明

26）に「ようやく公私立合わせて全国で一〇〇〇名に達した卒業生の数も、（明治）三〇年代に入り中学校教育が量的にも質的にも整備・充実されていく状況のもとで五〇〇〇名を超え（一九〇〇年度）、さらに一万名（一九〇二年度）、一万五〇〇〇名（一九〇九年度）へと急増」する時代でした（斉藤利彦『競争と管理の学校史』）。

## 中学校の「正系」化

啄木が盛岡中学校に入学したころ、右のような趨勢《すうせい》の中で、中学校は重要な制度的位置を与えられることになります。すなわち、中学校に高等教育進学の「正系」としての地位が与えられるのです。高等学校・大学、専門学校、高等師範学校に進学しようとする者はまず中学校に入学するという道筋がはっきりしてきました。

その中学校への入学資格は満一二歳以上で高等小学校二年の課程を終了するかそれと同等の学力を有すること、でした。ちなみに当時尋常小学校は四年生まで。その上に修了期限が二年、三年、または四年の高等小学校がありました。啄木は満一二歳になった三年修了後に受験し一二八名中一〇番の好成績で入学しています。

さて中学校卒業者数が増大し「中学校→高等教育機関」というコースが確立してくると——たとえば、一九〇〇年（明33）には高等学校（一高とか二高とか三高とか）進学者の全員が中学校の卒業生――中学校は新しい社会的意味を帯びてきます。中学校卒業という学歴が社会のいくつかの領域においては必要最低限のものとして要求されるようになってきたのです。そして中学校は立身出世の「正系」コースの第一段階とみなされるようになります。

掲出歌にもどります。少年石川一はまさにそのような時代の中の盛岡中学校に入学しました。

「身を立て、名をあげ、やよ　はげめよ」これは唱歌「仰げば尊し」二番の一節ですが、石川一も「身を立て、名をあげ」るべくはじめのころは勉強にも精を出したようです。一学年修了時の成績をみると国社英体育にすぐれ理数とくに数学が苦手だったようです。「行状」という項目で一〇〇点もらっていますからまじめな中学生だったのでしょう。学年一三一名中二五番の成績でした。二年修了時は学年で四六番、少しさがってきています。しかし「行状」は一〇〇点をもらっていますからまだコースの上を歩んでいたということでしょう。

ところが、三年生になったころにコースをはずれはじめます。その事情に少しふれてみます。

## 盛岡中学の黄金期

『銭形平次捕物控』等の作者としてまたレコード収集家・音楽評論家として知られた野村胡堂《こどう》は盛岡中学における啄木の一年先輩でしたが、後年「盛岡中学物語」という文章を書き（一九三九年〈昭14〉）、「明治二十五年から三十六七年迄」は「盛岡中学の黄金時代」だったと述べ、その絶頂を明治三四年の卒業生たちの時期においています。金田一京助（言語学者）、小野寺直助（医学者・久留米大学学長）、田子一民《たこいちみん》（衆議院議長）、郷古潔《ごうこきよし》（三菱重工社長）、及川古志郎《こしろう》（海軍大臣）等多士《たし》済々《せいせい》の学年でした。啄木が入学したとき三四年組は三年生、野村胡堂は二年生でした。ちなみに、広い視野と確固とした信念をもって、陸軍強硬派に抗しつつ太平洋戦争終結と海軍の解体にあたった米内光政《よないみつまさ》（総理大臣、海軍大臣）はそのとき五年生でした。

明治維新に際し「朝敵」の側にまわったために、その後不遇をかこつ岩手県人が創設・育成した盛岡中学校は、当時全国的な中学生の風潮とあいまって次のような熱気を孕《はら》んだ中学生たちを造り出していました。

「時代に立ち遅れた岩手らしい経世済民意識、中央に雄飛しようとする激しい立身欲、そのためにもいやが増す新知識に対する渇望、とくに当時の全国中学生を席巻しはじめていた文学熱、それらが混沌のままに泡立っている。文学、学事、思想、宗教、政治、軍事

などの諸世界に対する関心が齟齬《そご》なく融け合い、その中に『有為《ゆうい》なる男子』の理想像が屹立《きつりつ》する。」（今井泰子）

この盛岡中学校という坩堝《るつぼ》の中へとびこんですでに二年、石川一はちょうど青年期を迎えました。青年期、人間は肉体の成熟とともに大人となって社会に入っていくことを考えはじめ、自分はその中でいかに生きていくべき人間なのか、自分とは何者なのかを認識しようとします。つまり、アイデンティティを確立しようとします。この内なる自己は他者という鏡に映し出すことによってのみ見えてきます。つまり価値観を共有する友人たちの存在が青年期に必須の条件となります。

石川一は中三の四月、クラスの中の気のあった秀才四人とともにユニオン会という英語の学習会をつくりました。この五人のうちの一人で盛岡高等小学校以来の親友伊東圭一郎（のち東京朝日新聞編集局顧問兼記事審査部長など歴任）の回想を引きましょう。

会員である石川、阿部（修一郎・のち尼ヶ崎製銅重役）、小沢（恒一・のち早稲田大学教授）、小野（弘吉・のち東大在学中夭折《ようせつ》）、伊東の五名は毎週土曜日の晩、順番にめいめいの宅に集まった。はじめは雑談に終始したが後に英語の勉強をやることになり、ユニオンの第四リーダーを選定した。それでユニオン会と命名したのである。やり方は当番を決めて一章ずつ訳読をやり、フ（腑）に落ちないことを聞きただすことにしたが、これがざっと一時間かかった。

　このあとは楽しかった。というのは最近読んだ新聞雑誌や単行本の感想をひろうした。明治三十三年ころには総合雑誌は博文館発行の「太陽」ぐらいのもので毎号連載される高山樗牛《ちょぎゅう》の評論は評判だった。

　阿部さんはいつもそれを紹介されたが、啄木も樗牛博士には傾倒していた。小沢さんは文学談で啄木とよくうまが合った。また恋愛問題はこの両君の受持ちであった。小野さんは口数の少い人であったがよく《ママ》聴き手で同人間に推重されていた。

　私は初め徳富蘇峰びいきで「国民新聞」の愛読者であったが、それが桂内閣の御用紙になってからは「万朝報《よろずちょうほう》」に変えた。そのころの「万朝」は黒岩周六（涙香）、内村鑑三、幸徳秋水その他多士済々でその全盛時代であった。

　こうして我々は時の問題を採り上げたので話は中々尽きない。いつも散会するのは午前一時ごろであった。（『人間啄木』）

## 頑童石川一

　ユニオン会の少年たちのなんと早熟なことか、知的関心のなんと高くかつ広いことか。石川一がどんなに強い刺激を受けかつ与えたか容易に想像できましょう。石川一のうちに眠っていたもろもろの要素が目ざめていったようです。それらに照らすとそれまでに教えこまれ信じてきたこともくずれはじめます。

漸《ようや》く悪戯《いたずら》の味を知りて、友を侮《あなど》り、師を恐れず。時に教室の窓より、又は其《その》背後の扉より脱れ出でて、独り古城址《し》の草に眠る。欠席の多き事と師の下口《したくち》を取る事級中随一たり。先生に拉《らっ》せられて叱責《しっせき》を享《う》くる事殆《ほと》んど連日に及ぶ。……級中二派あり、軋轢《あつれき》漸く盛ん也。小生また自ら一方の策士を以て任じ、廻覧雑誌に、演説会に、委員選挙に、常に小才を弄《ろう》して会の平和を破るを潜《ひそか》に快《かい》とす。敵の主領は実に佐藤次郎君なりき。先生漸く予を疎《うと》むの色あり。……

……当時頑童《がんどう》としての小生の名漸く校内に高く、小生又以て衷心《ちゅうしん》得意の色ありし……

これは後年（一九〇九年一一月）書いた「百回通信」の中の「富田先生が事」の一節です。啄木は「先生漸く予を疎むの色あり」より前の部分をすべて中学二年のこととして書いていますが、昆豊氏の考証どおり（『警世詩人石川啄木』）、ここも三年生の時のことです。

文中には青年期にふみこんだ石川一の特徴がいくつもでてきます。友人を侮るべき者と親友とに分かつ。そして趣味や才能を異にする人を排除し故意に、自分の属する集団（ユ

ことをきかない。おまけにそのことを内心得意にさえしている。いうニオン会）への帰属心を強める。幼いころから尊敬すべき者とされてきた師を侮る、

よく叱《しか》る師ありき
髯《ひげ》の似たるより山羊《やぎ》と名づけて
口真似《くちまね》もしき

富田先生が立派な教師であったからこそ啄木はのちに名文「富田先生が事」を書いたのですが、このころはまったくの「頑童（かたくなで、ききわけのない子供）」です。富田先生は盛岡中学校という制度を代表して一《はじめ》少年に説諭・叱責を試みるのですが、一はまるでいうことをききません。それはとりもなおさず制度に反抗しはじめた、ということをいみします。授業中の校舎は制度の目に見える枠組みともいえますが、彼はその「窓」から飛び出してしまうのです。つまり中学校という制度から、あたらこの「正系」の出世コースから飛び出して行くのです。

石川一は立身出世の夢など捨ててしまったのか？　いやいや。次の歌を味わってみましょう。

不来方《こずかた》のお城の草に寝ころびて

空に吸はれし
十五の心

**当時の盛岡城址**　「不来方のお城」は南部氏によって不来方の地に築かれた城で、慶長二年（一五九七）から十余年かけて成ったといいます。不来方城→森ケ岡城→盛岡城と改称されました。

城跡は、豪壮な石垣を残したみごとな公園（岩手公園）となって人々に愛されており、二の丸跡には金田一京助の筆になる掲出歌の碑が建っています。

この歌を口ずさむとき、岩手公園を知っている人はついそれを、知らない人は自分の記憶にあるどこかの城跡をイメージしてしまうことでしょう。しかし盛岡中学校三年生ころの石川一がその草の上にねころんでいた城跡は次のような場所でした。

……旧城址も今とは全く趣が変って居て、古城の秘密も何《なに》も彼《か》も知っている三百年来の大杉は、世の栄枯変転をよそにうそぶいて居た。……大杉は、古城のまわりを取かこんで森々として突っ立って居た。何万ともかず知れない烏が生棲して、烏の大都会の観があった。夕暮になると、夕焼けの空へごまでもまいたように烏の大群が北上河《きたかみがわ》を越し、あとから〳〵と古城の森の宿をさして飛んで行く影は市中のどこからも見えたものだ。

城址が上も下もくらい露っぽい藪《やぶ》だらけで、きつねが出ると云う話もあった。……本丸、二の丸の上には青い空がひらけて居て、軟かい草によく日はあたって居た。杉の頂点から岩手山は僅かに見え、寂寥《せきりよう》森閑たる別天地であった。（『岩手日報』一九二八年六月四日。平野八兵衛記）

このような城跡が「教室の窓より遁げ」たあとで目指すところでした。本丸や二の丸跡にはすたすた歩いて六、七分で着いたと思われます。

## 青い空

「空に吸はれし」とあります。「空」はもちろん青空です。でも心が吸いこまれて行く青空というのはわれわれが現在見ている青空とはまったく異なるものです。わたくしの基準からいえば今の日本で日常見られる「青空」なんて青空ではありません。「白い雲」なんて白い雲ではありません。暴風雨の翌朝の晴天ですら、東京周辺で見るかぎり、ちょっときれいだな、と思うていどのものです。

大気汚染がこんなにひどくなかったころ、たとえば一九六〇年ごろの北海道旭川の青空はそれはきれいでした。そして真夏のこの雲の白さと真冬のここの雪の白さとどちらが白いだろう、とよく考えたものでした。どうしても結論は出ませんでした。

アンデルセン作・森鷗外訳『即興詩人』の一節を引いてみましょう。所はポンペイに近い古都「アマルフイイ」からカプリ島に向かう海の上。時は一八三〇年代。

舷下《げんか》の水は碧《あお》くして油の如し。試みに手をもて探れば、手も亦《また》水と共に碧し。舟の影の水に落ちたるは極《きわめ》て濃き青色にして、艪《ろ》の影は濃淡の紋理《あやめ》ある青蛇を畫《えが》けり。われは声を放ちて叫びぬ。げに美しきは海なる哉《かな》。若《も》し彼蒼《ひそう》の大《おほ》いなるを除かば、何物か能《よ》く之と美を媲《くら》ぶべき。我は幼かりし時、地に仰臥《あおぎふ》して天《そら》を観《み》つるを思い出《い》でぬ。今見る所の海は即《すなわ》ち当時見し所の天《そら》にして、譬《たと》へば夢の一変して現《うつつ》となれるが如し。

（「たつまき」）

何と美しい海でしょう。この碧い海の美しさにくらべられるのは「彼蒼《ひそう》（青空）」の美しさあるのみだ、と「われ」（アントニオ）は讃えます。アントニオは幼いころ美しい青空にのぼって行くことを夢みたが、今同じくらい美しい海の上にいる、というのです。このくだり、大畑末吉訳（岩波文庫）も引いておきましょう。「幼いころ、よくあおむけにねころんで、限りない青空にのぼっていくわたくし自身を夢みたことが思い出されました。その夢が、いま現実になったようでした。」

アントニオいや幼い日のアンデルセンが見たデンマークの空こそが、啄木の見た「空」

と等質の空なのです。

## 十五の心

　さてその「空」に吸われた「十五の心」にもどります。石川一が文学に全身的にかかわりはじめるのは中学四年生（かぞえ年一六）のときからです。「十五」の時はまだ文学に目標が定まっていません。しかし今井泰子氏が指摘した盛岡中学生の経世済民意識、激しい立身欲、新知識に対する渇望、文学熱等はまったく啄木の心の姿そのものでした。ただ盛中の俊秀たちが己の夢を中学校という「正系」の制度を経て実現しようとしたのに対し、石川一ただ一人制度を度外にして夢を描きはじめた、ここに分岐点がありました。「十五」の啄木にそんな夢を見せたのは彼の内部に棲《す》むデーモンでした。

　まだ無自覚ながら、文学的天才というデーモンが内にうごめき、ふくれあがり、ついには彼にとほうもない夢を見せはじめたらしいのです、昼も夜も。そのような彼にとって、授業は、さらに中学校という制度は桎梏《しっこく》でしかありません。それから自らを解放して（窓より遁げて）「かの城址」という「森閑たる別天地」に行き、草に寝て「空」を見る、空だけがこんこんと湧いて尽きることを知らぬ彼の夢を吸いこんでくれたのです。

# 北海道の近代

# 函館の街・札幌の空

## 友の恋歌

啄木が北海道に渡ったのは一九〇七年（明40）五月五日、去ったのは翌〇八年（明41）の四月下旬ですから、彼の目に映じた北海道は産業革命期を経たばかりの北海道でした。当時の北海道は辺境《フロンテイア》つまり内国植民地でしたから産業革命の中心的内容をそのまま実現したわけではありませんが、しかしそれなしには考えられない人事、風物があります。それらを啄木漂泊の一年間の思い出がうたわれている「忘れがたき人人　一」の章（『一握《いちあく》の砂《すな》』）から選んでいきたいと思います。

函館の青柳町《あをやぎちやう》こそかなしけれ

友の恋歌
矢ぐるまの花

「函館」についてはあとで見ますが、ともかくそこは植民地北海道の玄関でした。「青柳町」は函館山に向かうなだらかな坂道の途中にある町で坂下のかなたに青い海が——晴れた日にはとくに美しく——見えます。啄木は函館時代の一三二日間ずっとこの青柳町に住みました。そして同じこの町に、もっとも親しかった友岩崎白鯨《はくげい》、吉野白村《はくそん》が住み常時行き来していました。さらに宮崎郁雨《いくう》、並木翡翠《ひすい》らが集まってきました。みな文学青年です。詩壇ではすでに文名がかなり高くそのうえ快活で談論風発型の啄木はすぐに彼らの中心になりました。

「かなし」は「愛《かな》し」で、せつなくなるほどなつかしい、の意。啄木は一九一〇年（明43）作の歌で係り結びのように古い語法をもちいることはほとんどありません。ここではその係り結びがいかにも口語風の短歌の中にしっくりととけこんでいます。そして字余りをふくむ「青柳町こそかなしけれ」の二句は音楽的な諧調《かいちょう》をたたえていてとくに美しい箇所です。こんな流れるような調べをもった字余りがかつてあったでしょうか。啄木の天才的語感の産物です。

なぜ青柳町がそんなになつかしいのか。二、三行目が答えます。まず二行目の「友の恋歌」。これについてはおもしろいことを宮崎郁雨が書いています（『函館の砂』）。

当時私達が集まれば詩歌文学を語り、政治宗教世態などを論じ、やがて恋語りに落ちてしまうのが殆《ほと》んど常道の様になって居たから、その頃幾度となく持った歌会に恋歌の生れない筈はなかった。

君を追ひ千里の遠《をち》に火燃ゆてふ風を抱《いだ》きて帰り来しかな　白鯨

何時の歌会であったか、この歌の披講《ひこう》された時、少しいたずらっぽい顔をした節子さんが、「岩崎さん、折角追って行きながら抱いたのはただの風だけだったんですか」と言った。不意を撃たれた白鯨が顔を赤くして「そう、そうでシイ」と吃《ども》った津軽訛りで答える。私達は声を立てて笑った。

いかにも「友の恋歌」という一句の内容をほうふつとさせるエピソードです。そして啄木夫人節子の魅力をかいま見せています。

「矢ぐるまの花」　これは矢車草の花ではなく、セントウレアつまりヤグルマギクの花です。花形が矢車に似ているのでこの名があります。啄木がうたっているのはおそらく青紫色のヤグルマギクでしょう。イメージされているのは五月下旬か六月初旬ころのことでしょうか。

せつないほどになつかしい青柳町を、意気投合した文学仲間の集いと青紫色のヤグルマギク――梅雨のない函館ではからりと晴れた光の中のその花が似つかわしい――とに象徴させた手腕がみごとです。

さてこの歌の「函館」についてすこしふれましょう。

函館は当時東京以北で最大の人口を有する近代都市でした。「北海道人口戸籍帳」によると八万八〇四二人。仙台よりも盛岡よりも小樽、札幌よりも大きな都市だったわけです。

**函館という街**

江戸時代すでに松前藩第一の良港であった箱館（一八六九年から函館）は、一八五四年（安政1）に下田とともに最初の開港場となり五九年には横浜、長崎とともに自由貿易港となり、アメリカ・イギリス・ロシアの領事館も置かれました。開国という近代化の稲妻が最初に落ちた土地の一つでした。

その後の函館の近代都市としての発展は、北海道の開発と深くかかわること論をまちません。その北海道の本格的開発の起点となるのは、日本の産業革命の起点と同じ一八八六年（明19）・北海道庁設置の年とされています。そしてその開発の一つの区切りとなる時期は日露戦争後の一九〇七年（明40）ごろです。この間に北海道の人口が三〇万三七四六人から一三九万七九九人へと急激にふくれあがっていますが、この一事にも開発の進行ぐあいがうかがわれます。

函館は一八九〇年代初めまでは、北海道を往来する者たちのほとんどが利用したところでした。そして全道の海陸物産の移出・輸出においては、その圧倒的部分が函館の港を経なければならなかったのです。

しかし一九〇三年（明36）の函館の管外移出品価額上位品目を見ると、函館はもはや物資全般の集産地ではなく水産物の集産地へと変貌しています。

それは次のような事情によっています。函館は津軽海峡に面した自然の良港として本州との交通にもっとも適した土地であったがゆえに、本州・北海道間の経済活動・人的交通の要衝として栄えたのでしたが、北海道内部の開拓が進むと北海道のほぼ南端にあるというまさにその位置が、内陸部との交通を遠ざけていくことになりました。函館はまだ東京以北最大の近代都市ですが、あとで見るように経済活動の中心としての位置は小樽にとってかわられつつあり、釧路にも追いあげられていました。また札幌の都市化も進んでいました（函館の人口約八万八〇〇〇に対し札幌は六万六〇〇〇）。

こうして、北海道でもっとも伝統のある、もっともハイカラな、もっとも人口の多い、もっとも富み栄えたことのある、したがってまたもっともよく都市機能（医療、教育、水道等）の整備された都市、これが「函館の青柳町こそ」の「函館」でありますが、こういう一種のゆとりを生じた文化的な都市だからこそ、苜蓿《ぼくしゅく》社のようなしゃれた文芸結社を生み出したのだ、といえましょう。

その第六号からは啄木が主筆となった苜蓿社の機関紙『紅苜蓿《べにまごやし》』は「小雑誌なれども北海に於ける唯一の真面目《まじめ》なる文芸雑誌」（啄木日記）で装丁もすぐれています。メンバーの中には高い知識の持主・文学的才能の持主たちがおり、雰囲気も明るく開放的で啄木にとっては快適な交友の場がそこに生じたのでした。

「函館の青柳町」にはまさに「友の恋歌」がそして西洋からやってきたセントウレアの花がぴったりだったのです。

## 山間の町のともしび

このように愛した函館を心ならずも啄木は去ることになります。八月二五日夜一〇時半、区内東川町に発した火は翌日の暁にかけて燃えること六時間、函館全区の三分の二を焼いてしまいました。啄木の職場も焼けてしまいました。一九〇七年（明40）九月「十三日夕七時、星黒き焼跡の風に送られて」（啄木書簡）札幌に向かいます。「車中は満員にて窮屈この上なし、函館の燈火漸《よう》やく見えずなる時、云い知らぬ涙を催しぬ」と日記にあります。

汽車は一七時函館発の池田行き。池田駅は帯広の東約二四㌔のところにあります。当時この汽車は長万部《おしゃまんべ》、倶知安《くっちゃん》、小樽、札幌、岩見沢、旭川、下富良野（今の富良野駅）を経、狩勝峠《かりかち》（石狩と十勝の国境）を越えて、帯広そして池田に至る長距離列車でした（池田到着は翌日の二二時）。

さて、その汽車が函館駅を出ます。見送りは友人五人と妻節子、妹光子。約三年ののち啄木はこう歌います。

呿呻《あくび》嚙み
夜汽車の窓に別れたる
別れが今は物足らぬかな

汽車は北海道の奥に向かって進みます。啄木は最初車内の隅、窓側に立っていましたが、やがて「一席を得て腰を下し」たようです。

雨に濡《ぬ》れし夜汽車の窓に

映りたる
山間《やまあひ》の町のともしびの色

函館を出るときは雲に覆われていた空、汽車はもう長万部を過ぎており、外は雨となっています。窓の外に広がるのは原始の北海道の闇、その闇をぬけて汽車はとある「山間《やまあひ》の町」に入ります。山々の間に人家の密集しているところがあり、そこを「山間の町」と詠《よ》んだのでしょう。人家の「ともしびの色」が――それはもちろん電灯の光ではなく――石油ランプの光が雨に濡れたうす暗い夜汽車のガラス窓にとどきます。「町」をとりかこむ山々はおそらく原始のままに大木に覆われていましょう。当然日本に生息する最大の猛獣羆《ひぐま》が山中にいます。そしてもろもろの野性に満ちています。つまり「町」は原始の大自然を蔵した闇におしつつまれ、そこに息をひそめるように夜をすごす人々の生活が「ともしびの色」となって現われていたのでしょう。

ところでその「夜汽車」ですが、歌の世界をより親しくイメージするために、少しこれにふれることにしましょう。

一九〇七年（明40）の今啄木が乗っているのは国有化されたばかりの北海道帝国鉄道です。啄木らの乗る客車を引いているのはテンダー機関車だと思われます。石炭と水を積載する炭水車《テンダー》を連結する形式の機関車です。わたくしなどが青年時代までよく見かけた、あの真っ黒い、すさまじい音を立てて、力強く走るSLはたしかテンダーを連結していることが多かったなあと今思い出します。

では客車はどうだったのか、啄木が乗ったのは三等車と思われますが当時三等車には三形式がありました。二軸ボギー車、小形二軸ボギー車、二軸車です。ボギー車というのは、二軸または三軸の車輪（つまり四輪または六輪）の台車二組の上に車体を乗せた形式で、車体を自由に回転しうる構造の車両でした。二軸車はただの四輪車ですから小型でした。長距離運行に適していたのは八輪を備えた二軸ボギー車の方ですから、啄木が乗っていたのはこちらでしょう。

その「夜汽車の窓に映りたる」の窓は車体に落としこむ下降式だったようです。小さい窓です。

雨つよく降る夜《よ》の汽車の
たえまなく雫《しづく》流るる
窓硝子《まどガラス》かな

## 「カインの末裔」の舞台

汽車は当時の時刻表どおりだと九月一四日午前一時四分ごろに昆布《こんぶ》駅を出、狩太《かりぶと》駅に向かっています。昼間であれば車窓右手に昆布《こんぶ》岳が見えるはずです。そして列車の前方にはマッカリヌプリがあります。羊蹄山《ようていざん》とも呼ばれまた蝦夷《えぞ》富士とも呼ばれる堂々たる山容です。しかし今は真夜中、あたりの大自然は闇の底に沈んでいます。その大自然が昼間はたとえばどんな様相を呈しているか、有島武郎の「カインの末裔《まつえい》」の冒頭によって見ておきましょう。季節は一〇月末ころかと思われます。「彼（広岡仁右衛門）」と「彼の妻」は狩太に向かって歩いてます。

長い影を地にひいて、痩馬《やせうま》の手綱《たづな》を取りながら、彼は黙りこくって歩いた。大きな汚い風呂敷包みと一緒に、章魚《たこ》のように頭ばかり大きい赤坊をおぶった彼の妻は、少し跛脚《ちんば》をひきながら三四間も離れてその跡からとぼ〱とついて行った。

北海道の冬は空まで逼《せま》っていた。蝦夷《えぞ》富士と云われるマッカリヌプリの麓《ふもと》に続く胆《い》振《ぶり》の大草原を、日本海から内浦湾《うちうらわん》に吹きぬける西風が、打寄せる紆濤《うねり》のように跡から跡から吹き払って行った。寒い風だ。見上げると八合目まで雪になったマッカリヌプリは少し頭を前にこゞめて風に刃向いながら黙ったまゝ突っ立って居た。昆布岳《こんぶだけ》の斜面に小さく集まった雲の塊を眼がけて日は沈みかゝっていた。草原の上には一本の樹

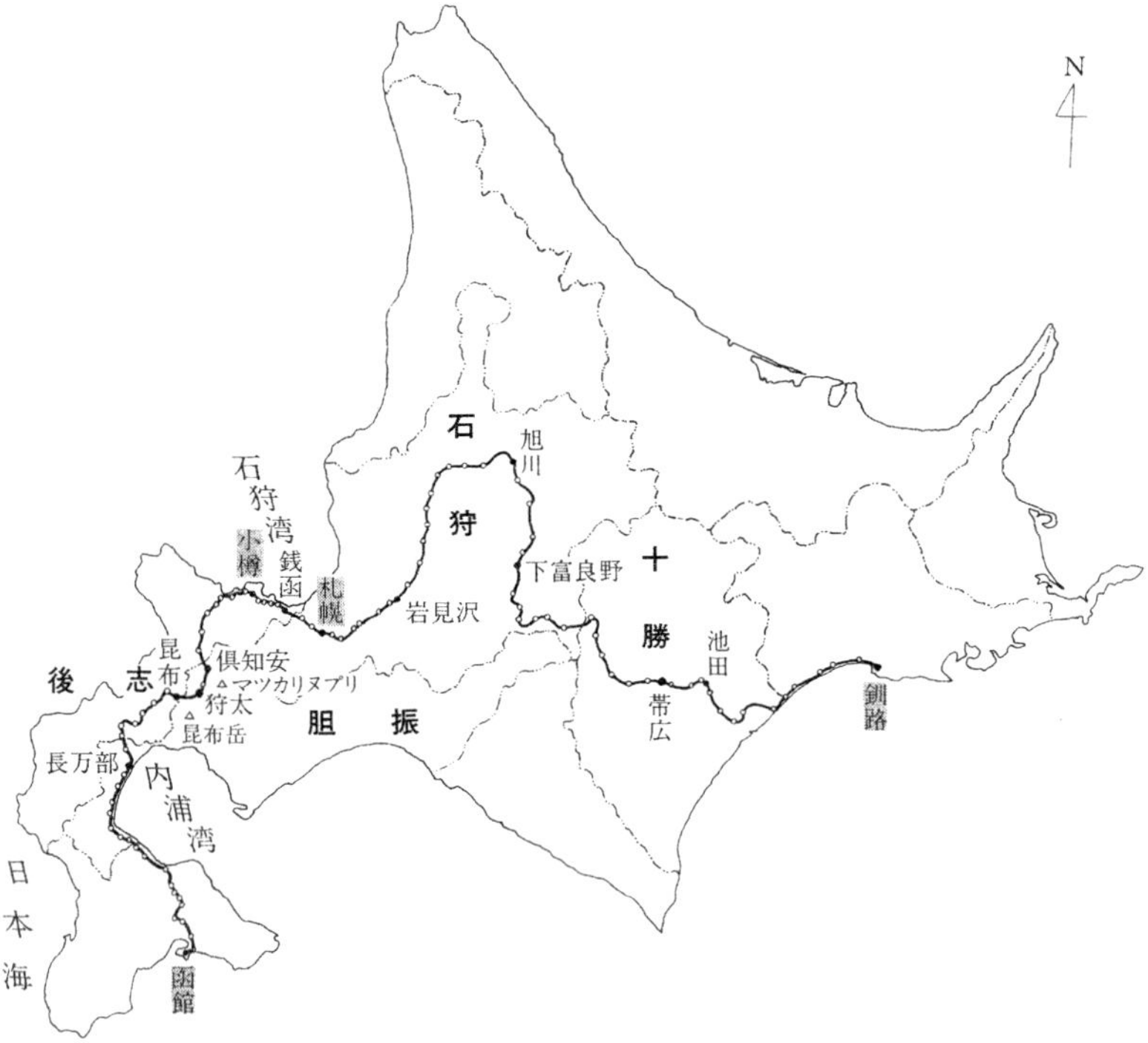


北海道地図（この章に出てくる地名のみ記入）

木も生えていなかった。心細い程真直《まっすぐ》な一筋道を、彼と彼の妻だけが、よろ〳〵と歩く二本の立木のように動いて行った。……

「こゝらおやじ（熊の事）が出るずら」

四里にわたるこの草原の上で、たった一度妻はこれ丈《だ》けの事を云った。慣れたものには時刻と云い、所柄《ところがら》と云い、熊の襲来を恐れる理由があった。

狩太の次が比羅夫《ひらふ》駅、次が倶知安《くっちゃん》です。

真夜中の
倶知安《くちあん》駅に下りゆきし
女の鬢《びん》の古き痍《きず》あと

時刻表どおりだと汽車は一時五五分着、二時五分発です。まさに「真夜中」です。

**夜汽車の倶知安**

この歌は四十数年にわたってわたくしの愛誦歌の一つですが、つい最近まで車内の情景をこんな風に考えていました。うす暗い電灯の下、四人掛けボックスに人々はすわり、啄木は自分の前か隣にすわる女性の耳のすぐ前あたりに古い痍あとを認めた。その女性が照明もない倶知安駅のホームに降り、闇の中にのまれていった、と。

ところが少し調べてみるといろいろとちがうことが分かってきました。車内の照明はルーフランプと呼ばれる油灯のようです。当時の客車は屋根（ルーフ）に四本ほどのふたつき・筒状の装置があって屋根の上から（つまりその装置のふたをあけて）点灯したランプがさしこまれるのでした。こうして夕方ともなると八八人乗りとか七〇人乗りの客車の天井に計四本ばかりのランプがともるというわけです。したがって車内はずいぶん暗く、差し向かいの客の顔がぼんやり浮かび出る程度でした。またこの照明は車体の動揺につれて明るくなったり暗くなったりする、といったものでした。

啄木が乗ったであろう三等車は、中央が通路で左右に二人がけの座席が向かいあっていいるいわゆるボックス式と考えてよいようです。ただし背もたれは短冊板の縦張りで高さは側窓と同じ（ということは背中の半分くらい）であったらしいです。

当日は六夜の月、しかも月の出は午前一〇時半ごろ、月の入りは夜九時少し前。そして雨が強く降っていました。今倶知安《くっちゃん》で降っているかどうかは分かりませんが、少なくとも雲が覆っていたと考えるべきでしょう。とすると駅舎の外は真っ暗闇でしょう。真夜中の倶知安村は大自然におしつつまれ、闇の底に沈んでいます。その倶知安の中に一点弱々しいランプの光の見えるところ、それが「倶知安駅」でしょう。

時間は内地でいえば魑魅魍魎《ちみもうりょう》の跋扈《ばっこ》する丑三《うしみ》つのころ、つまり夜中の二時ごろ女は闇の中にのまれていきました。明滅定まらぬ油灯のうすぐらい光の下で啄木の鋭敏なまなざしは「女の鬢《びん》の古き疵《きず》あと」を認めていました。女の来《こ》し方の決して幸福ではなかったであろうドラマを見ていたのでしょう。そして「倶知安駅」の外に広がる闇に消えていった女の行く末を見ていたのでしょう。その時の深い印象が二年後にこの歌と化したのです。

## 札幌の大空

翌朝四時ごろ汽車は小樽着、啄木はいったん下車して姉の家により、一一時半ごろの汽車で札幌に向かい一時過ぎに到着しました。このときの札幌停車場《ていしゃば》の建物は二代目で、二一一・三坪（約七〇〇平方メートル）の木造平屋建ての小さなもの。「停車場本屋《ほんおく》の北側半分は吹き抜きとなっていて、旅客は雨天の時でも濡れずに客車に乗降ができた。本屋の南側は正面の玄関から入ると、中央に待合室があり、その改札口の左側に小荷物取り扱い室、右側に切符売り場と事務室があった」（札幌市教育委員会『札幌の駅』）のだそうです。今の札幌駅とくらべるとひどく貧弱なものでした。

しかし駅が貧弱であったということは、そのまわりはまだ大自然が豊かであったということです。啄木は翌日の日記にこう記しています。「函館の如く市中を見下す所なければ市の広さなど解らず、程遠からぬ手稲山脈も木立に隠れて見えざれば、空を仰ぐに頭を圧する許《ばか》り天広し」と。「頭を圧する許り天広し」とは石狩平野の空の大きさをみごとにとらえています。しかもその空は現代人にはほとんど見ることのできないすごい美しさでした。「仰げば秋晴一碧《しゅうせいいっぺき》の天、蒼遠《そうえん》たり、廓寥《かくりょう》たり、呼べど答えず、叫べども応ぜず、熒如《けいじょ》として宛然《さながら》一大円鏡の如く、然《しか》も何の写す所がない」（「綱島梁川氏を弔う」）これも札幌の空を描いた一文ですが、このときは近くに「木立」はなかったのでしょう。見上げると青一色の天はどこまでも青く、はてしなく広くうつろだ、と啄木は記します。そしてなんのくもりもなく明るいさま（「熒如《けいじょ》」）はまるで「一大円鏡」のようだ、というのです。国木田独歩が「武蔵野」で「秋天拭うがごとし」といったのを思い出します。

さきにもふれましたが、昔の青空はほんとうに美しかったのです。産業革命終期の工業化くらいでは空はほとんどよごれなかったのです。「頭を圧する許りに天広し」という一節をそうした青空とともにイメージしてみてください。

さて札幌駅を出て、その青空の下にあった札幌の街は啄木の目にどう映ったか。

札幌は寔《まこと》に美しき北の都なり。初めて見たる我が喜びは何にか例えむ。アカシヤの並木を騒がせ、ポプラの葉を裏返して吹く風の冷たさ。札幌は秋風の国なり、木立の市《まち》なり。おおらかに静かにして人の香よりは樹の香こそ勝りたれ。大《おおい》なる田舎町なり、しめやかなる恋の多くありそうなる郷《さと》なり、詩人の住むべき都会なり。此処《ここ》に住むべくなりし身の幸《さいわい》を思いて、予《よ》は喜び且つ感謝したり。あわれ万人の命運を司どれる自然の力は、流石《さすが》に此哀れなる詩人をも捨てざりけらし。

札幌に似合えるものは、幾層の高楼に非ずして幅広き平屋造りの大建物なり、自転車に非ずして人力車なり、朝起きの人にあらずして夜遅く寝る人なり、際立ちて見ゆる海老茶《えびちゃ》袴《ばかま》に非ずして、しとやかなる紫の袴なり。不知《しらず》、北門新報の校正子、色浅黒く肉落ちて、世辞に拙《つたな》く眼のみ光れる、よく此札幌の風物と調和するや否や。

## 色浅黒き啄木

当時の札幌を描きえた有名な文章です。最後にある「北門新報の校正子」とは啄木自身のことですが、啄木イコール青白いとの先入観を持っている人は「色浅黒く」の箇所に注目し認識を改めてください。ともあれ「秋風記」の一文堪能していただけたことでしょう。ちなみにサッポロはアイヌ語のサト・ポロ（乾いた広い土地）に由来するそうです。

この美しい札幌の人口はわずかに六万六一九三人。函館・小樽につぐ北海道第三の都市でしたが、当時北海道には市制がしかれておらず区制が実施されていたので、三都市ともに区でした。区制は一八九九年（明32）一〇月から一九二二年（大11）七月三一日まで実施されていたので、啄木が行った当時は、函館市、小樽市、札幌市ではなくそれぞれ函館区、小樽区、札幌区であったわけです。

アカシヤの街樾《なみき》にポプラに
秋の風
吹くがかなしと日記《にき》に残れり

「秋風記」にもあったように詩人の目をまずとらえた札幌区の風物は「アカシヤの街樾」と「ポプラ」でした。「アカシヤ」は「はりえんじゅ（にせアカシア）」のことです。この「アカシヤ」は北アメリカの原産で、生長が早く萌芽性にも富んでいるので街路樹、公園樹等として用いられています。札幌では一八八五年（明18）ごろから並木づくりがはじまりますが、その中心的な樹種が「アカシヤ」でした。そして停車場通りのアカシア並木は一八八六年生まれの啄木が札幌に足をふみ入れたときにはすでに二〇年余を経ているので立派な並木となっていたことでしょう。

そして「ポプラ」。この木も明治の中ごろに北アメリカから北海道に入ってきました。高く伸びる美しい樹形が広大な北海道の大地とよく似合いさっそく北海道の風物詩の一つとなっていきました。生長の早い木なので啄木が北海道に行ったころにはすでに十分にその美しさが目立っていたのでしょう。ポプラはその細長い葉柄《ようへい》（葉身を枝に連結させる部分）が葉の平面に対して垂直の方向に平たいので、わずかの風にも動きやすい構造になっており、風が吹くと葉が一斉にひるがえりさらさらと音をたてます。そこで風響樹とも呼ばれるのだそうです。（機会があったらポプラの葉を手にとってごらんください。）啄木は札幌に着いた翌日の日記（九月一五日）にすでにこう書いてます。「午后は市中を廻《めぐ》り歩きぬ。……アカシヤの街樾《なみき》を騒がせ、ポプラの葉を裏返して吹く風の冷たさ」と。ポプラを見るとすぐその特徴をとらえる詩人の目のすごさ。「アカシヤの街樾を騒がせる風」の音を聴いている啄木ですからきっとポプラの「風響」もその耳でとらえていたことでしょう。

しんとして幅広き街の
秋の夜《よ》の
玉蜀黍《たうもろこし》の焼《や》くるにほひよ

これまで主として昼の明るい札幌を見てきましたが、秋の夕方の札幌を写しては北海道帝国大学予科（正確には当時東北帝国大学予科）の寮歌「都ぞ弥生《やよい》」の二番にしくものはないでしょう。

豊かに稔《みの》れる石狩の野に　雁《かりがね》はるばる沈みてゆけば
羊群《ようぐん》声なく牧舎に帰り　手稲《ていね》の巓《いただき》黄昏《たそがれ》こめぬ
雄々しく聳《そび》ゆる楡《エルム》の梢《こずえ》　打振る野分《のわき》に破壊《はえ》の葉音《はおと》の
　さやめく甍《いらか》に久遠《くおん》の光
　おごそかに　北極星を仰ぐかな

こうして暮れてゆくと札幌の「しんとして幅広き街」に「秋の夜」が訪れます。北海道では「とうもろこし」といわず「とうきび」といいますが、札幌の風物詩「とうきびうり」はすでに当時からありました。ただ今とちがって当時のとうきび売りは焼くとき夕レを用いませんでした。したがって「焼くるにほひ」はとうきびの実そのものの焼けてはじめるこうばしいにおいです。このにおいをイメージして読んではじめて歌の世界＝一九〇七年（明40）秋の札幌の街に立てるのです。

## 札幌の風物詩

自然主義の作家として知られる岩野泡鳴《ほうめい》が『放浪』という小説の中で啄木が行った二年後の札幌の秋の風物をこう描いています。

工場とはす交《か》いになっている角に、葉の大きなイタヤもみじが立っている。その太い根もとに、焜爐《こんろ》の火を起して唐《とう》もろこしを焼き売りする爺さんがいる。店の道具と云っては、もろこしを入れた箱と焜爐とだけである。

　こんな簡単な店を、義雄は、昨夜も、町の角々で沢山見たが、なかには、林檎《りんご》をもかたわらに並べているのがあった。渠《かれ》はもろこしの実が焼けて、ぷす〳〵はじけるそのいいにおいを、昨夜、酔《え》いごこちで珍らしく思った。

まるで啄木の歌の名解説といったような一文です。タレは用いずに焼いていることも確認できます。

こよなく愛した札幌でしたがわずか二週間で啄木はそこを去ることになります。『北門新報』の校正係として月給一五円で就職した啄木でしたが、この新聞社は給料の支払いもおぼつかないというので一方で不安をいだいていました。そこに小国露堂《ろどう》という札幌でできたばかりの友人が『小樽日報』の話をもちかけてくれました。この新聞は一〇月に創刊が予定されており啄木を記者として（校正係ではなく）二〇円で迎えてくれるというのです。啄木は小樽に移ることにしました。これは函館を出たのと同じように事情のしからむるところだったのであって啄木のむら気によるものではありません。

　小樽に向かう日の前夜札幌には雨が降りました。

わが宿の姉《あね》と妹《いもと》のいさかひに
初夜《しよや》過ぎゆきし
札幌の雨

# 小樽での騒動・釧路での恋

## 小樽という町

明けて九月二七日、啄木は日記にこう記しています。「午後四時十分諸友に送られて俥《くるま》を飛ばし、汽車に乗る。雨中の石狩平野は趣味殊に深し、銭函《ぜにばこ》をすぎて千丈の崖下《がいか》を走る、海水渺漫《びょうまん》として一波なく、潮みちなば車をひたさむかと思わる。海を見て札幌を忘れぬ。」

翌日、新築なった小樽《おたる》日報社を訪れ主筆の岩泉江東に会います。

かなしきは小樽の町よ
歌ふことなき人人の

声の荒さよ

「かなしきは」の「かなし」についてはあとでふれることにして「小樽の町」について考えてみましょう。

新橋―横浜間、大阪―神戸間、京都―大阪間の鉄道開業につづいたのはなんと手宮《てみや》（現、小樽市内）―札幌間でした（一八八〇年〈明13〉）。小樽は北海道開拓を重要視する中央政府によって早くから「道都札幌」を東京に結ぶ線上に位置づけられていたのです。もっとも、小樽の経済的機能の中心ははじめのうち函館同様北海道の沿岸漁業生産物の集散地という点にありました。

ところが「内地」での産業革命の進展に連動して両都市の関係も変わってきます。一九〇三年（明36）の管外移出品の内訳をみてみると、函館は前述のとおり水産物が大勢を占めています。他方で小樽は、小豆《あずき》・菜種・燕麦《えんばく》・大豆・菜豆《いんげん》など農産物が目につきます。それから鰊《にしん》関係の四品目とともにマッチ軸木・西洋酒・石炭・木材類という工鉱業等生産物も上位一五位以内にくいこんでいます。これは、北海道内陸部において発展しつづける農・工・鉱・林業の成果を集め、移出する港となったのが函館ではなく小樽であったことを示しています。先の北海道地図で確認すれば明らかなとおり、函館は内陸部からはもっとも遠い位置にあります。小樽は札幌にすぐ近くその札幌を要《かなめ》として北海道の内陸部が扇状に広がっています。漁業ではなく農業と工業が北海道産業の主力となっていく趨勢《すうせい》にあって小樽が地の利を得ることになったわけです。小樽はまた同じ事情で内陸部が必要とする物資（たとえば米、酒、味噌、醤油、織物、化学薬品、日用雑貨等）移送の中継地としても栄えるようになります。

加えて小樽は一九〇〇年（明33）に開港場（外国との通商貿易を許された港）となり清国等との貿易も発展し、さらに一九〇四〜〇五年（明37〜38）の日露戦争後は樺太《からふと》（サハリン）も通商圏内となりました。

以上のような事情を『小樽区史』（一九一四年刊）はこう記しています。小樽の「港湾は日本郵船大阪商船両会社その他の会社および個人等の大小船舶の来往繁《らいおうしげ》く、しかのみならず露領樺太《からふと》等に航行する帆船の出入あるいは清国欧米等への航行船ありて港内さながら織るがごとく、常に帆檣《はんしょう》林立の壮観を呈しつつあり」と。

当然関連商工業が起こる、日本銀行の支店をはじめたくさんの銀行が来る、火災・海上・生命保険の諸社も来る等々。そして人口は激しくふえつづけます。これが啄木のうたった「小樽の町」です。

## 歌うことなき人々

わずか三ヵ月と三週間ばかりしか小樽に住まなかった啄木ですが、小樽という町を、人をよく見ていました。当時の小樽の人々についてこう記しています。小樽の道路はものすごく悪く「一雨到れば、全市殆《ほと》んど泥沼《でいしょう》に化」す、と書いた一文のつづきです。

其《その》比類なき悪路を、小樽人は物の数ともせずに疾駆《しっく》しつゝあり。然《しか》り、小樽人は歩行せず、常に疾駆す。小樽の生活競争の劇甚《げきじん》なる事、殆《ほと》んど白兵戦《はくへいせん》に似たり。其生活の調子の男性的にして急調なる事、爽快、勇壮、歓呼の趣を通越《とおりこ》して、却《かえ》って悲壮の感を与えむとす。彼等は休息せず、又歌わず、又眺めず。唯疾駆し、唯驀進《ばくしん》す。「疾駆する小樽人」の心臓は鉄にて作りたる者の如し。（「胃弱通信」）

今小樽の人々は経済的生活に狂奔しています。彼らの念頭には経済活動においてすら「休息」という二文字の浮かぶことはありません。であるならどうして文芸のこと（たとえば「歌ふこと」）など思う余裕がありましょう。「休息」はおろか「歩行」さえもしない彼らがどうして立ちどまり自らの生活をかえりみたりするでしょう。

つまり「彼等は休息せず、又歌わず、又眺めず」なのです。まさに「歌ふことなき人人」であるのです。

「声の荒さ」についても一言しておきます。青森・秋田など東北六県、新潟・富山など北陸四県はじめ全国いろいろな地域からもちよられた多様な方言が、経済活動のきわめて活発な小樽の中でごちゃごちゃに混りあったのですから、タイムスリップして聴けるものなら、さぞかしおもしろいことでしょう。その中に潮風荒波の中からもどったばかりの漁師たちや沖仲仕《おきなかし》など港湾労働者たち、彼らを指揮する親方たちの姿を加えて思いみるだけで、そのことばは、声は上品の二文字とは無縁の荒々しさをともなって浮かびあがってきます。

## 「かなしさ」の意味

最後に残しておいた「かなしきは」にもどりましょう。『日本国語大辞典』（小学館）の「かなしさ」の項の語釈の第四番目に「努力してもどうにもならない、本質的なことによる限界を感じる悲しみ」とあり、用例として「外国人の悲しさにはその発音に何処《どこ》か東北訛りのようなひびきがあって」（谷崎潤一郎『蓼喰《たでく》う虫』）が示されています。啄木短歌ことに『一握の砂』にこの意味を帯びた「かなし」系の語が多く出てきます。一例をあげますと、

いのちなき砂のかなしさよ
さらさらと

握れば指のあひだより落つ

がそれです。詩人の苦悩やなげきにまったく関心を示すことなく、一つの砂時計となってただ時間の経過を知らせつづける一握の砂、その無機質性に対して感じた悲しみが、「いのちなき砂のかなしさ」です。

「かなしきは小樽の町よ」の「かなしき」も同様です。小樽は北海道経済における中心であり、さらに大きくは日本の産業革命の特殊の一環としての位置にあったのでした。当時の小樽の人々の「疾駆」は時代と位置との必然性によって生じているのですから、誰も止めることはできません。詩人は「小樽の町」のそうした本質を直観して「かなしきは……」とうたったのです。その本質を「歌ふことなき人人の／声の荒さ」で象徴したのです。

経済的発展の疾風怒濤《どとう》の時期をすでに過ぎていた函館、だからこそ存在した快い文学青年たちのサークル、経済的発展期以前の段階にあった牧歌的な札幌、疾風怒濤のただ中にあってまだ「歌ふこと」を知らぬ小樽、啄木の歌はこの三都市を生きいきと鮮やかにそして深く写しています。

掲出歌は、現在小樽市の貴重な観光資源として活用されている石造建築群や運河などとともに、活力にみちていた小樽のモニュメントの一つであるといえましょう。

**啄木の隠謀と小林寅吉**

「小樽の町」で時間をとりすぎたようなので先を急ぎます。啄木が小樽に着いたのは一九〇七年（明40）九月二七日なのでした。一〇月一日に小樽日報社で第一回目の編集会議が開かれました。主筆は岩泉江東《こうとう》という人でした。野口雨情《うじょう》も列席した一人でした。雨情と啄木はほんの一〇日ほど前に仲良くなったばかりですが、雨情は岩泉を知っていて啄木に向かって彼の悪口をならべたてました。啄木は岩泉について何も知らないまま雨情に共鳴してしまいます。そして雨情以上に熱心に主筆排斥運動をたくらむようになります。若気の至りとしかいいようがありません。

のちの『一握の砂』の詩人と「七つの子」「十五夜お月さん」「青い目の人形」「船頭小唄」「波浮《はぶ》の港」等で名高くなるであろう詩人とがなんという無茶をはじめたのでしょう。啄木二一歳、雨情二五歳のことでした。

結局、雨情はくびになり、啄木は記者としてきわめて有能だったので残され、しまいには岩泉主筆の排斥に成功します。しかしこの排斥運動では、啄木は彼にしてはめずらしく権謀術数《けんぼうじゅっすう》を用いており、あと味の悪い結果となりました。

世わたりの拙《つたな》きことを

ひそかにも
誇りとしたる我にやはあらぬ

三行目は反語になっていますから、誇りとしてきた自分だったのに、なんという「世わたり」上手をやってしまったのか、となります。しかしこれは三年後の反省です。

主筆派の社員のはげしい反感も買いました。

椅子《いす》をもて我を撃たむと身構へし
かの友の酔《ゑ》ひも
今は醒《さ》めつらむ

ということも起こったわけです。

もう一つ三年後の反省の歌をあげておきます。自分は主筆以下七人を追放し、あのときはいい気になっていたけれど……

負けたるも我にてありき
あらそひの因《もと》も我なりしと
今は思へり

とうたいました。

ところで小樽日報の社長は福島県出身の白石義郎という人で、彼は若いころすでに自由民権運動に挺身《ていしん》した政治家でした。当時は北海道議会議員でもありました。そして衆議院選挙に打って出ようとしていました。この白石社長と同じ福島出身で、苦学して東京専門学校（のちの早稲田大学）を卒業し、政治家見習いもかねて事務長になっていたのが小林寅吉《とらきち》という人です。

小林は白石社長―啄木のラインで社内が刷新されていくのを事務長として忠実に補佐していましたが、岩泉主筆解雇がきまったあとの啄木のあるふるまいに憤りを感じ強い反感を抱くようになります。一一月一九日前後のことです。三週間ほどのち小林はついに啄木を殴ります。啄木は会社を飛び出し、そのまま退社してしまいます。啄木の在社中の記者・編集者としての働きぶりは獅子奮迅《ししふんじん》ともいうべきものでしたがそれは措《お》きます。

### 一月一九日の歌六首

さて、小樽日報社を飛び出してしまった啄木でしたが、それはそのまま貧窮生活に飛びこむことでした。大晦日《おおみそか》には妻の一本しかない帯まで質屋《しちや》に入ってしまいます。ようやく新しい就職口釧路《くしろ》新聞社への単身赴任がきまり、一九〇八年一月一九日小樽を発《た》ちます。次の六首はこの旅立ちをうたったものです。

子を負《お》ひて

雪の吹き入《い》る停車場《ていしゃば》に
われ見送りし妻の眉《まゆ》かな

敵として憎みし友と
やや長く手をば握りき
わかれといふに

ゆるぎ出《い》づる汽車の窓より
人先《ひとさき》に顔を引きしも
負けざらむため

みぞれ降る
石狩《いしかり》の野《の》の汽車に読みし
ツルゲエネフの物語かな

わが去れる後《のち》の噂《うはさ》を
おもひやる旅出《たびで》はかなし
死ににゆくごと

わかれ来てふと瞬《またた》けば
ゆくりなく
つめたきものの頰《ほほ》をつたへり

以上六首が一月一九日の小樽駅頭および発車直後の車内でのことをうたっていて一つの歌群をなしていることはまちがいないのですが、そうだとするとおかしな問題が生じます。四首目の歌です。この日は発車直後から大雪になりました。みぞれなど降っていません。それなのに一行目に「みぞれ降る」とあります。五首目「わが去れる」、六首目「わかれ来て」の歌は発車直後のことをうたっていますから汽車はまだ後志《しりべし》の国の小樽区内を走っています。それなのにこの四首目の歌の二行目は「石狩の野の汽車に読みし」です。

つまり四首目の歌だけは、一月一九日の歌のはずなのに一月一九日以外の日（「みぞれ降る日」）がうたわれており、後志の国（小樽）にまだいる時の歌のはずなのに、もう石狩の国にいる、とうたわれているのです。まことに変な話です。これはわたくしの数年来の疑問でしたが最近それが解けました。以下に記しておきます。

## みぞれの降った日

解決の糸口となったのは群馬大学の学生Sさんのこの歌に関する調査でした。Sさんは啄木が小樽にいた一九〇七年九月二七日から翌年一月一九日までの間で「みぞれ」が降ったであろう日を割り出し、他方で啄木が小樽・札幌間を往復した日を取り出し、両方が一致する日を特定しました。一二月一二日がその日でした。

それから数ヵ月後わたくしは必要あってこの六首の歌群を眺めていました。二首目の「敵として憎みし友」とは小林寅吉のことである、と岩城之徳氏が指摘しています。これは資料的根拠があって正鵠《せいこく》を得ています。

発車を知らせる汽笛が鳴り、開けられた窓をはさんでホーム上の人々と車内の人たちが最後の挨拶を交します。小林と啄木が「やや長く手をば握り」ます。三行目の「わかれといふに」には啄木の屈折した心理がうたわれています。「わかれ」なんだから、自分の内心にまだ残っている恨み（この男のせいで自分はくびになりこうして釧路へ落ちていくんだ、という思い）をなんらかのかたちで表わしてもよかったのに、それはもうまったくないかのように「やや長く手をば握」ってしまった、というのでしょう。二人の男はしっかり目を見つめあったことでしょう。ゆっくりと汽車が動き出します。啄木の内面では心細くものがなしい気持が湧き上がっています。それが顔にまで浮かんで小林に見られてしまう、という際どさを感じ啄木は手を放します。そして小林や見送りの人らに手を振りつつもさっさと窓から顔を引いてしまいます。「ゆるぎ出《い》づる汽車の窓より／人先に顔を引きしも／負けざらむため」

## 問題は解決された

わたくしはこのように解釈してきてはっとしました。啄木は、『一握の砂』の「忘れがたき人人　一」という章においては同一人物をめぐる歌は必ず一ヵ所にまとめています。であるなら次の一首「みぞれ降る」も小林寅吉関係の歌なのではないか？　Sさんが割り出した一二月一二日は何か小林に関係ある日なのではないか？　繰《く》る手ももどかしく啄木の日記の一二月一二日を見るとこうありました。

> 十二日夕刻の汽車にて帰り、社に立寄る。小林寅吉と争論し、腕力を揮《ふる》わる。退社を決し、沢田君を訪うて語る。

と。

啄木は当日札幌発午後四時一〇分の汽車に乗りました。三時半ごろ札幌は雨から雪に移りはじめていました。札幌区自体が石狩平野の中にあるのですが汽車は間もなく、右手に石狩の大平原が一望無限に広がるただ中にさしかかります。みぞれ降る石狩の原野にまだ見ぬロシアの大地を重ねつつ啄木は「ツルゲエネフの物語」を読んでいました。四時四〇分過ぎに汽車は後志《しりべし》の国に入り五時四五分に中央小樽駅に着きます。啄木はその足で社に行き小林と口論し、殴られ、退職・失職してしまったのでした。

これで問題はきれいに解決されました。自分が小樽を去った一月一九日の歌六首をここに編集するにあたり、啄木は二、三、四首目に小林寅吉関係の歌三首をまとめてもってきたのです。小樽を去らざるをえなくなった直接の原因は小林の殴打にあります。二、三首目でその男との別れをうたいます。そして汽車が小樽駅を離れる瞬間を示す位置に四首目を置きます。こうなったのはすべてあの日のあの事件がもとだったのだ、との思いがその瞬間に彼の脳裏をよぎったことを示そうとするかのようです。

分かってみると心にくいばかりの編集です。

しかし以上のことは歌集を何百回読んでも分からないことです。作者が自分一人の記念であってもよいと思ったうえで、この歌をこの位置に埋めたのですから。したがって右に見てきたような意味を知る人は作者の没後はいなくなってしまいました。

右の新釈に関連してこんなことも分かりました。さきに引いた「椅子をもて我を撃たむと身構へし」の歌、「負けたるも我にてありき」の歌および次の三首を含む五首についてです。

### 小林の冤罪晴れる

殴《なぐ》らむといふに
殴れとつめよせし
昔の我のいとほしきかな

汝《なれ》三度《みたび》
この咽喉《のど》に剣《けん》を擬《ぎ》したりと
彼告別の辞に言へりけり

あらそひて
いたく憎みて別れたる
友をなつかしく思ふ日も来ぬ

これら五首はすべて小林寅吉とのことをうたったものだ、というのが定説でしたが、まちがいだということが分かりました。さきに引いた二首は主筆排斥運動に関連した歌であることとすでにふれたとおりです。そしてここに引いた三首は主筆岩泉江東とのことをうたったものなのです。

小林寅吉はのちに東京神田の中野家に養子に入って中野寅吉となり、一九二〇年（大9）以後は衆議院議員として活躍しました。弁舌鋭く政府を攻めたてたので、三木武吉《ぶきち》らとともに「憲政会の三吉」に数えられました。鉱山経営等も行ない資本家としても成功しました。晩年には仏門に帰依し法名忍海と号し、一九六二年（昭37）に亡くなりました。

晩年の忍海和尚にある人が右にあげたような歌々を示し、これらは啄木があなたをうたったものだと言ったところ、「インチキもはなはだしい」と怒ったそうですが、当然です。暴力沙汰《ざた》は一二月一二日の一回こっきり、泥酔して椅子をふりあげたり、殴るぞとおどかしたりは別人のことだったのです。つまり小林寅吉は長いこと濡《ぬ》れ衣《ぎぬ》を着せられ、啄木も「うそつき」の濡れ衣を着せられていたわけです。ようやく冤罪《えんざい》は晴れました。

## 雪の野の汽車

さて一九〇八年（明41）一月一九日の車中にもどります。岩泉江東主筆の排斥等をめぐって小樽日報社の人々のほとんどがまだ啄木に対し内心では敵意をいだいていましたし、啄木もそのことは知っていましたから、汽車が遠ざかるや彼らがどんなに自分の今日の事態をあざわらい、話の種にしているかが胸中の鏡に映りはじめます。「わが去れる後の噂を」以下二首がそのときの心情をうたってます。

大雪の中を汽車は進みました。間もなく左の車窓に石狩湾が広がります。詩人は「碧《あお》い海の声の白さは降る雪よりも美しい」と記しています。銭函《ぜにばこ》を過ぎるとあの石狩平野です、白一色の。

同乗していた白石社長は札幌駅で降りて行きました。見送った啄木は「降りしきる雪を透《すか》して、思出多き木立の都を眺め」ましたが「外国振《とつくにぶり》のアカシヤ街も見え」ませんでした。駅のすぐ裏手にはちょうど二週間前に東北帝国大学農科大学講師として赴任してきた有島《ありしま》武郎《たけお》が住んでいました。

忘れ来し煙草《たばこ》を思ふ
ゆけどゆけど
山なほ遠き雪の野の汽車

汽車はいよいよ石狩平野の内部に向かって動き出します。社長と別れてゆっくり一服したくなった気分、そのたばこがない時の空しさ、汽車が進むにつれ、思いは忘れてきたたばこの方に引っぱられ、腹わたが「たばこ、たばこ」とほしがる、そんな状態におちいっているのでしょう。車内でも駅でもたばこは売っていません。文字通りの寒駅から寒駅へと汽車は走ります。

車窓の両側は雪また雪の大原野、原野の果てに雪の山々が連なっているのが見えます。そしてその山々ははるか前方にまで連なりそして閉じているように見えます。汽車はその閉じた山に向かって走ります。ところがいくら走ってもいくら走っても景色は基本的にはかわらないのです。車窓の両側の山々ははるかに遠く、汽車はあいかわらず前方の山の中へと走っているのです。札幌・岩見沢間は現在の特急だとわずか二十数分ですが、当時の時刻表だと一時間二〇分、この日は大雪のせいか二時間半近くかかっています。

歌はたばこを思いつつ窓外に向けられた視線によって詠《よ》まれており、十分に味わい深いのですが、不思議なことにもう一つの視線が働いているように思われます。白い大原野を、真っ黒い機関車が列車を引き煙を吐きながらひたすら奥へ奥へと走っている姿が見えて来るのです。つまり詩人の外からの視線をも感じるのです。

## 零下四一度の町

啄木は夕方四時ごろ岩見沢の駅長官舎に住む姉夫婦（山本千三郎夫妻）を訪れ一泊します。

翌朝岩見沢を発ち旭川に向かいます。

乗合《のりあひ》の砲兵士官の
剣の鞘《さや》
がちやりと鳴るに思ひやぶれき

「砲兵士官」が登場します。旭川町に第七師団があるからです。日清戦争（一八九四～九五年）後の軍拡政策の一環として札幌に第七師団が置かれたのが一八九六年（明29）。ロシアをにらみながら師団を拡張していくためにあらたな敷地が必要となり、白羽の矢の立ったのが上川原野の鷹栖《たかす》村字近文《あざちかぶみ》でした。師団工事がはじまるや（九九年）旭川村は活気づきました。人が物が大量に流入しすぐに旭川町になってしまいます（一九〇〇年）。以後旭川は北海道中央にある農業生産物の集散地兼第七師団所在地として都市化して行きます。

岩見沢・旭川間の列車の中で「砲兵士官」と乗り合わせた背景にはそんなことがあったわけです。「剣の鞘／がちやりと鳴るに思ひやぶれき」には啄木の軍人＝軍隊に対する違和感が読みとれます。啄木はこの日旭川で白石社長と落ちあって一泊し翌早朝釧路に向けて発ちますが、この旭川の、しかも師団の官舎の一室に生後八ヵ月の井上靖がいました。

のちに啄木の大ファンになります。この旭川の測候所は六年前の一九〇二年（明35）一月二五日にマイナス四一度を記録しています。非常に寒い町でした。

水蒸気
列車の窓に花のごと凍《い》てしを染むる
あかつきの色

空知川《そらちがは》雪に埋《うも》れて
鳥も見えず
岸辺の林に人ひとりゐき

遠くより
笛ながながとひびかせて
汽車今とある森林に入る

何事も思ふことなく

日一日《ひいちにち》

汽車のひびきに心まかせぬ

こうして釧路《くしろ》に着きます。旭川を発ったのが朝の六時半、釧路に着いたのは夜の九時半でした。

さいはての駅に下り立ち

雪あかり

さびしき町にあゆみ入りにき

啄木が釧路にいたのは一月二一日夜から四月五日朝までのわずか七六日間です。

**記者啄木の活躍**

釧路新聞記者としての啄木の活躍はめざましいものでした。卓越したフェミニズム論「新時代の婦人」、政治評論「雲間寸観《うんかんすんかん》」「予算案通過と国民の覚悟」、評論「卓上一枝」など。また当時の雪の北海道を記した名文「雪中行」「空前の大風雪」、そして当時の田舎新聞に不可欠の軟派記事の「紅筆便り《べにふでだより》」など。

啄木は硬軟両派の記者（一〇三頁参照）を兼ねさらに編集長役もこなしていました。

よりそひて

深夜の雪の中に立つ

　女の右手《めて》のあたたかさかな

急になまめいてきましたが「女」は小奴《こやっこ》という芸者です。軟派記事取材も兼ねて出かけて行った粋筋《いきすじ》は単身赴任の啄木にはよほど居心地がよかったらしく、ついには、

　火をしたふ虫のごとくに
　ともしびの明るき家に
　かよひ慣れにき

ということになります。料亭の一つに鶤寅《しゃもとら》というのがあり、小奴はそこの芸者でした。啄木が釧路に着いてちょうど一ヵ月後の二月二一日に二人は出会います。小奴は啄木に一目惚れしたらしく、啄木も三日後には友人と二人で小奴の家に遊びに行き、日記に「小奴と云うのは、今迄見たうちで一番活潑《かっぱつ》な気持のよい女だ」と記す始末。啄木満二二歳、小奴一七歳でした。

夜中の一二時すぎ、二人は鶤寅を出て、いたるところ雪に覆われた外にいます。月の光も雪も空気も冷たい中で男の左手は女の右手のあたたかさを握りしめています。そしてそれを通じて女の肉体全体のあたたかさをも感じています。

『一握の砂』の「忘れがたき人人　二」の中に小奴とのことを詠んだ歌が一二首まとめ

て編まれています。若き敏腕記者と五つ年下の芸者との恋、といえばまず「お安くないぞ」と思いますが、一首一首味わっていくと、しんみりと話したり、だまって心を寄せあって時をすごしているような歌が多いのです。

死にたくはないかと言へば
これ見よと
咽喉《のんど》の痍《きず》を見せし女かな

さいはての町に落ちてきた作家志望の男が自殺したい衝動を覚え、芸者に身を沈めた女にもそんな思いがあるようにも思えたのでしょう。「死にたくはないか」と言ってみます。女の答えは意外でした。「これを見て」と自殺未遂のあとらしき、のどの傷を見せたのです。女はすでにそこまで追いこまれるつらく悲しい経験をし、のどと心とに傷を負っていたのです。そしてその傷を見せることが男の自殺願望に歯止めをかける働きもしました。そうした女への深い感慨が結びの「女かな」にこもっています。

## 思い出のキス

二人が出会ってちょうどひと月目の三月二〇日の夜中、浜の雪の上にひき上げられた小舟の縁に二人してもたれ、小奴は啄木に身の上話をします。その中で、今まだ一七歳の小奴が、函館にいたころすでに妾《めかけ》になっていた時期がある、と語っています。すでにどれほど大変な人生を経てきたことか。

産業革命期の日本が女性のために用意した最大の職業は繊維関係の工場労働者。知的な職業では小学校教師と看護婦です。電話交換手、銀行や会社の事務員、デパートの店員などの職業も少しずつ大都会に現われつつありました。しかし植民地北海道で、欲の深いきつい養母に育てられた不遇の小奴には右のような職業は縁のないものでした。

家を離れ独立して生きねばならない女性にとって現実は苛酷でした。芸者で生きるよりもっとつらい受け皿を社会は用意していました。小奴はもちまえの利発さ、気性のよさ、芸のうまさ、容姿のよさ等によって釧路粋界《すいかい》の花形の位置を占めていました。立派な生き方、といえるのではないかと思います。

もちろん、啄木と小奴は好いて好かれた仲、こんなこともありました。

きしきしと寒さに踏めば板軋《きし》む
かへりの廊下の
不意のくちづけ

一行目の「寒さ」。今のなま暖かい日本の冬からは想像しがたい寒さです。〃しばれる〃というやつです。「かへり」は鶤寅《しやもとら》を出ようとする時の帰り。「不意」は作者の受けた印象ですから、小奴が「くちづけ」をしたのでしょう。
わたくしは『一握の砂』「手套《てぶくろ》を脱ぐ時」の章にある次の歌も小奴の思い出にかかわっている、とにらんでいます。

思出《おもひで》のかのキスかとも
おどろきぬ
プラタスの葉の散りて触れしを

# 近代都市と望郷

# 近代都市東京に生きる

竜《りよう》のごとくむなしき空《そら》に躍《をど》り出《い》でて
消えゆく煙
見れば飽《あ》かなく

**漱石『こゝろ』の舞台**　啄木は一九〇八年（明41）九月六日から翌年六月一五日まで、東京市本郷区森川町《もりかわちよう》一番地新坂《しんさか》三五九の蓋平《がいへい》館別荘に下宿していました。その前に下宿した赤心館の「赤心」なら意味がわかりますが「蓋平」はわかりかねます。これは当時から十数年前にあたる一八九四〜九五年の日清戦争に従軍した主人が遼東半島の蓋平で殊勲《しゆくん》を立て金鵄勲章《きんしくんしよう》をもらいその金で建てたことに由来しているそうで、時代を映しています。そういえば夏目漱石の『こゝろ』の「先生」と「K」が下宿した家の女主人も「日清戦争の時か何かに死んだ」軍人の妻でした。まだ日清戦争の記憶も生なましい時期なのですが啄木が掲出歌を詠んだ当時「戦後」といえば日露戦争（一九〇四〜〇五年）後を指しました。

それはさておき、金のない啄木が借りたのは三階の三畳半でした。本郷は台地で蓋平館はその端に位置していたので、三階の部屋はまことに見晴しがよく「眼下一望の甍《いらか》の谷を隔てて、杳《はる》かに小石川の高台に相対して」いました（啄木日記九月八日）。『こゝろ』の「先生」が東大の学生時代にその「眼下」の谷から「小石川の高台」のあたりを歩いた場面を引いてみましょう。啄木が眼下に見たときより十余年前のことですが。「ある日私《わたくし》は……散歩がてらに本郷台を西へ下りて小石川の坂を真直《まっすぐ》に伝通院《でんづういん》の方へ上がりました。電車の通路《つうろ》になってから、あそこいらの様子が丸《まる》で違ってしまいましたが、其頃《そのころ》は左手が砲兵工廠《へいこうしょう》の土塀《どべい》で、右は原とも丘ともつかない空地《くうち》に草が一面に生えていたものです。私は其《その》草の中に立って、何心なく向《むこう》の崖《がけ》を眺めました。今でも悪い景色ではありませんが、其頃は又ずっとあの西側の趣が違っていました。見渡す限り緑が一面に深く茂っている丈《だけ》でも、神経が休まります。」『こゝろ』の舞台である下宿を「先生」はこのとき見つけたわけです。

### 啄木と砲兵工廠

さて文中に「砲兵工廠」が出てきますが、啄木の部屋の窓からもこれが眼下に見えました。「左手に砲兵工廠の大煙突が三本、断間《たえま》なく吐く黒煙が怎《どう》やら勇ましい」と記しています（啄木日記九月八日）。「竜のごとくむなしき空に躍り出でて／消えゆく煙」を吐き出しているのはこの砲兵工廠の大煙突です。今の東京ドーム球場は工廠跡地の一部に建設されています。

東京砲兵工廠は主として小銃生産を担当していた陸軍の兵器工場で、日清戦争、日露戦争を経る中で急激に大規模化しました。この工場で明治一三年（一八八〇）に一三年式村田銃が創られその改良型である一八年式村田銃・二二年式村田連発銃が量産されました。これが明治二七、八年の日清戦争でめざましい成果をあげ、その後この戦争での経験をもとに有坂成章《なりあきら》砲兵大佐らが新しく（明治）三〇年式歩兵銃を創り出しました。この銃が日露戦争での主力銃となったという次第です。

この東京砲兵工廠には小銃製造所、銃砲製造所、砲具製造所がありました。民間企業の工場も含む日本の全工場中で当時第二位の大規模工場でした。日本資本主義にあっては軍事産業がアンバランスに発達してきた事実をかいま見せています。

啄木はこの砲兵工廠がどうも気になってしかたなかったようで、日記や手紙にくりかえし現われます。たとえば「遥《はる》かの砲兵工廠では、試験射撃の銃声が絶間《たえま》なく響いている」（一九〇九年三月二日宮崎郁雨宛）といった風に。

そして〇九年（明42）三月二四日起稿の小説断片「島田君の書簡」に天才の不思議が記されることになります。ある日また大煙突をながめていると、そのうちの一本から煙が出はじめやがて「大きい真黒な煙の塊が、先を争う様に相重って、煙突の口の張裂《はりさ》けむ許《ばか》りに凄《すさま》じく出」て曇天にまっすぐにのぼって行きます。呼吸していることも忘れて光景を見つめているうちに啄木の頭脳はやがて未来の大気汚染を幻想しはじめます。これについては小著『石川啄木と明治の日本』等に詳述したのでここでは省きます。

## 朝日新聞に就職

さて、窓の下はるかに砲兵工廠を見下ろしてばかりいても食べていけないのはもちろん、小説を書いても食べていけない啄木は、実は〇九年（明42）三月一日からサラリーマンになります。勤め先は東京朝日新聞社、仕事は編集局内の校正係。ただし啄木ほどの才能がそのまま嚢中《のうちゅう》に納っているはずもなく、まじめに働き出した一〇月以降はどんどん認められていき『二葉亭全集』第一巻の校正をまかせられ、第二巻以降は編集・校訂・校正などを全面的に担当することになり（一九一〇年四月)、その年九月からは朝日歌壇選者に抜擢《ばってき》されます。啄木の生涯をよく薄幸の生涯などといいますがあれはウソです。彼には常に目指すべき高みがあり、その高みへ到達しようと彼は絶えず力を尽したのです。そのためくりかえし苦労の中にとびこむことになりましたがそれを不幸というでしょうか。彼はよほど魅力があったのでしょう。またその天才の輝きが——ちょうど衣通姫《そとおりひめ》の肌の美しさが衣（そ）を通って光り輝いたように——彼の存在から絶えず発せられていたのでしょう。いつもいい人たちに恵まれました。そのいい人の一人に佐藤北江《ほっこう》がいます。佐藤は東京朝日新聞社の創業時から二六年間つまり病没まで編集にたずさわり、名編集長として鳴らした人です。啄木より一七歳年長で啄木と同じく盛岡中学校中退、啄木と同じように早熟で文才にたけていました。彼の満一七歳の時の文章を見ると文才という点では啄木に優るとも劣らぬものをもっていたようです。

北江は見ず知らずの同郷の後輩が手紙と履歴書と雑誌『スバル』（おそらく第二号。啄木が編集兼発行人）を送ってきたのを見たときすでに感ずるところがあったのでしょう。四日後には面接して就職運動をうけおってくれます。そして校正係に新しい席を一つ作ってくれたのです。給料は二五円、捨扶持《すてぶち》といった面もあったようです。

銀座の裏の三階の煉瓦造《れんぐわづくり》に
やはらかに降る

よごれたる煉瓦《れんぐわ》の壁に
降りて融《と》け降りては融《と》くる
春の雪かな

彼の勤め先は京橋区滝山町（今の銀座六丁目）にありました。右の二首はその職場付近をうたったものでしょう。二首とも室内からガラス窓を隔てて眺めた光景をうたっていると感ぜられます。啄木ら校正係は二階にある広い編集局室内の一角を占め、部屋には長方形の、上方に非常に長い大きな窓がいくつかついていました。

**煉瓦街銀座**

さて、一首目の「銀座」ですが、当時の銀座は「北は京橋川、西は外堀川、南は汐留《しおどめ》川、東は三原橋の下を流れる三十間堀に囲まれた範囲」をいいました（野口孝一『銀座物語』）。滝山町も銀座ですが銀座通りの裏つまり「銀座の裏」であったわけです。両方の歌に「煉瓦」がでてきますが、それには以下のような事情がありま す。

銀座の地名は江戸時代の一時期幕府直轄の銀貨の鋳造・発行所があったことに由来していますが、明治維新直後までは街としては二流でした。それが不平等条約改正を急ぐ明治政府の文明化・欧風化政策の一環にくりこまれることで一変します。欧米人が日本の首都東京に来るにはまず横浜に上陸します。それから開通予定の汽車で上京することになります。終点新橋駅で下車し新橋を渡ると両側は金六丁（今の銀座八丁目）です。この旧東海道は銀座四丁目、一丁目、京橋へとまっすぐに走り、さらにすぐ先の日本橋へ向かっていました。またこの道は銀座四丁目の交差点で右に曲がると築地の外国人居留地、左へ曲がると麴町《こうじまち》区の官庁街や皇居に至るのです。

したがってせめて銀座通りだけは欧米人向けに大改造したい、と政府側では思っていたのです。ところがそこに住んでいたのは職人や小商人《こあきんど》で裏手はスラムでした。新橋駅開業を七ヵ月前にした一八七二年（明5）二月末（旧暦）、政府、東京府にとってはありがたい（!?）事件が起きます。和田倉門付近にあった兵部省というお役所の添《そえ》屋敷から出火、折からの北西の風にあおられ火は銀座一帯を焼き築地にまで及びました。全焼約三〇〇〇戸羅災《りさい》者約五万人。政府と東京府は都市の防火対策と欧米人向け表玄関築造とを兼ねて銀座通り大改造案を練りさっそく実行に移します。

幅広い路、街路樹、ガス灯、建物はイギリス風の煉瓦造《れんがづく》り。銀座一帯は煉瓦街となります。

八七年（明20）ごろ以降銀座は産業革命の波にのって日本橋をしのぐ商店街に成長していきます。主な新聞社は銀座に集中してきました。東京朝日新聞も八八年（明21）滝山町に移ってきました。もちろんそこも煉瓦街でした。

明治初期の煉瓦建築の外観は、煉瓦壁の表面にスタッコという西洋式のしっくいを塗ったものがほとんどだったといいます。もし啄木の見ている壁がその手のものだったら白粉《おしろい》はまだらになっているかすっかり落ちているか……。

啄木のまなざしにとらえられた「よごれたる煉瓦の壁」はきっと銀座の歴史を映しているのでしょう。

さて、その「銀座の裏」の東京朝日新聞社の内部を啄木はこんな風に詠みました。

京橋《きやうばし》の滝山町《たきやまちやう》の
新聞社
灯《ひ》ともる頃のいそがしさかな

「京橋の」は京橋区の銀座の一角にある、の意。

## 『朝日新聞』の発展

「新聞社」について少し見ておきましょう。日本最初の近代新聞は『横浜毎日新聞』で一八七一年一月二八日（旧暦明治三年一二月八日）の創刊。東京最初の日刊紙も翌七二年に生まれます。『東京日日新聞』（のちに『大阪毎日新聞』に統一されて今の『毎日新聞』になる）、『郵便報知新聞』などがそれです。『朝日新聞』は七九年（明12）に大阪で創刊されました。このころの日本の新聞は大きく二つに分けられます。一つは大《おお》新聞。知識層向けで海外知識や政治論を主な内容とし、文章は漢文調でふりがなもあまり用いず、型は大型でした。もう一つは小《こ》新聞。これは大衆・婦女子向けで市井《しせい》のできごと、花柳《かりゅう》界、演芸界、角力《すもう》などの話題をおもな内容とし、論説はなく、文章は口語体で総ふりがなつきの小型版（大新聞の半分くらい）でした。

大新聞には前記のほかに『東京曙新聞』『朝野《ちょうや》新聞』などがあり、小新聞には『読売新聞』『東京絵入新聞』『仮名読新聞』『浪花《なにわ》新聞』などがありました。

『朝日新聞』は大新聞と小新聞の長所を吸収した「中《ちゅう》新聞」への道を歩みはじめました。そして八八年（明21）東京進出に成功します。大阪の『朝日新聞』と『東京朝日新聞』の二つができ、翌年一月大阪の『朝日新聞』は『大阪朝日新聞』と改題します。（両者の題名が『朝日新聞』に統一されるのは、一九四〇年〔昭15〕のことです。）

この両朝日新聞の経営者・所有者である村山竜平と上野理一《りいち》は卓越した資本家でした。そのすぐれた資本家的感覚を駆使して有為の人材を高給を払ってたくさん集めました。その人材中もっとも有為の人といわれるのが主筆の池辺三山《いけべさんざん》です（九七年〔明30〕入社）。彼は「朝日の機構と人と紙面の近代化をはかり、こんにちの朝日新聞の基礎をつくった」と評価されています（『朝日新聞社史　明治編』）。この三山の業績の一つに社会面の改革がありました。これは啄木にも関係することなのでふれておきます。

## 渋川玄耳の改革

当時の新聞界では〝軟派〟、〝硬派〟というおもしろい用語が通用していました。大《おお》新聞系の、政治や経済を担当する記者は〝硬派〟、小《こ》新聞の流れを引く、市井のできごとや花柳界・演芸界の話題等を扱うのが〝軟派〟でした。もともと小《こ》新聞であった朝日新聞は右田寅彦という大記者を筆頭とする軟派記者陣を抱えていてその〝艶《つや》ダネ〟記事も売りものの一つでした。（啄木が釧路新聞で編集長格をまかされたとき軟派記事「紅筆便り《べにふでだより》」にも力を入れたこと前述のとおりです。）しかし日露戦争後の日本は産業革命を経過した日本であり、これに照応した近代教育制度の展開をみた日本でした。一〇〇%に近い就学率を示す小学校、その上にある中学校、師範学校、実業学校、高等女学校、高等学校、高等専門学校、高等師範学校。東京・京都・東北の各帝国大学、慶応・早稲田ほかいくつもの私立大学などなどがありました。これらがそれぞれ毎年卒業生を送り出し、新しい読者層を形成していったのですから、江戸の戯作《げさく》者調で書かれる〝艶ダネ〟記事を中心とする社会面の改革は必至でした。

そこで三山は軟派主任（社会部長）として渋川玄耳《げんじ》を東京朝日新聞社に迎え（一九〇六年、七年の交《こう》）、彼に社会面の改革をまかせたのでした。渋川は期待にこたえ果断に改革をすすめました。

森銑三《せんぞう》はこう書いてます。「玄耳の社会部長時代の『東京朝日新聞』は、今から見ても立派で、他の諸新聞よりも、一段と高いところを行こうとしている。活気があるというだけでなく、清新の気の溢《あふ》るるものもあって、私等のような旧い人間には、当時の『朝日新聞』は、最も新聞らしい新聞だといいたくなる」と。またこうも述べています。「明治四十三年前後は、正に玄耳の全盛時代で」あったと（『明治人物閑話』）。

その「明治四十三年」（一九一〇年）の五月五日の『東京朝日新聞』に載ったのが掲出歌です。したがって歌の中の「新聞社」は当時の日本の新聞業界の代表的な資本主義企業としての、またそれにふさわしい紙面作りが進行中の東京朝日新聞社であった、ということです。その社内の編集局は今第一版の編集の大詰めに向かって活気が横溢《おういつ》しています。

「灯《ひ》ともる頃のいそがしさかな」

啄木ら校正係の勤務時間は昼一二時から夕方六時前後まででした。したがって帰宅時の通勤風景はこんな風にうたわれます。

こみ合へる電車の隅《すみ》に
ちぢこまる
ゆふべゆふべの我のいとしさ

**サラリーマンの哀歓**

退勤時のラッシュアワーをうたった最初の短歌ではないか、と思われます。

産業革命にともなう労働者階級（サラリーマンも含む）の増大・近代都市の発展・交通網（路面電車等）の整備・電車通勤者の増大、かくて発生した通勤ラッシュを啄木の炯眼《けいがん》はいちはやくとらえた、それが「こみ合へる電車」の七文字です。その隅に「ちぢこまる」自分をみつめている石川啄木がいます。みつめられている方の自分とは、自分が有する時間のうちの主要な部分を切り売りしてしか生きるすべのない存在つまりサラリーマンとしての自分、です。だからこんな歌も生まれます。

家にかへる時間となるを、
ただ一つの待つことにして、

今日も働けり。

しかも「こみ合へる電車」の中はそうした人々で満杯です。もし故郷渋民でこれだけの人々があつまればみな顔見知りで大きな行事でもやる時でしょう。電車の中ではすべてが無縁の人々です。互いに無関心であるほかない関係にいるのです。だから「隅にちぢこま」って一人でいるしかないのです。そうした自分を石川啄木は見つめています。

「ゆふべゆふべの我のいとしさ」「ゆふべ」のくりかえしに、サラリーマンとしての日常性が巧みに表現されていますが、より注目したいのは「我のいとしさ」です。毎日毎日、給料をもらうために、こうして通勤する自分、これしか自分と家族が生きていくすべがないからこうしている自分を詩人は「いとしい」といいます。個人は国のためや家のために存在し、その役に立ってこそ価値がある、とされてきた伝統的な価値観からはこうした発想は生まれません。封建制、封建的な人間関係が解体し、資本主義、資本主義的な人間関係が展開してくる中ではじめて、個人個人がそれぞれかけがえのない価値（個の尊厳）をもつのだ、という人間観が生まれてきたのです。欧米の近代がそうでしたし、それを学んだ日本も同じ道をたどっているわけです。

こんだ電車の隅に毎晩ちぢこまって乗っている安月給取りの自分を愛すべきものとして

やさしく見つめている石川啄木のそのまなざしはそのまま同じようなサラリーマンのすべてに、賃金労働者のすべてに向けられているものなのでした。

通勤ラッシュを最初に歌材としたというだけでも一つの価値をもつ歌ですが、単に風俗としてそれをとらえるのではなく、ラッシュにもまれる個人の生きざまにまで視線が及んでいるところにこの歌のさらに高い価値がありましょう。

人気《ひとげ》なき夜《よ》の事務室に
けたたましく
電話の鈴《りん》の鳴りて止《や》みたり

「人気なき夜の事務室」は、「灯ともる頃」の人気《ひとげ》と活気がすっかり失せ、今やがらーんとしてただ広いばかりの東京朝日新聞社編集局室のことです。この歌は一〇年（明43）六月ごろに作られました。そのころ啄木はまだ三日に一度の割でやる夜勤はやっていなかったようですが、それでも誰かの代わりを頼まれることがあったようです。『朝日新聞社史明治編』（一九九〇年刊）によるとこの歌の当時の『東京朝日新聞』は四版制で、その第四版は市内版であったので締め切り時間は午前一時すぎ、となっていました。そのため校正係も一人は午前〇時前後まで残っている必要があったようです。その夜は啄木が残っていました。

## 新聞社の電話

次に「電話」について見てみます。啄木が東京朝日新聞社に初出勤した日（九年〈明42〉三月一日）の日記にこうあります。「広い〱編集局に沢山の人がいる、一団ずつ、方々に卓子《テーブル》と椅子がある、そして四方で電話をかける声がしつきりなしに広い室内に溢《あふ》れる……」と。すでに何台かの電話を用いていることが分かります。大阪や静岡、水戸、前橋、千葉などからの記事を速記者が電話受稿していました。また大阪朝日新聞への送稿にも電話が用いられました。

そこで気になるのが電話の機種と台数です。当時東京では、デルビル磁石式電話機、ソリッドバック磁石式電話機、二号共電式電話機（一九〇九年以降）が用いられていました。銀座のように電話の普及の早かったところでは、最新の二号共電式はすぐには設置されずそれ以前の型がつかわれていました。（ちなみに一八九六年〈明29〉に採用されたデルビル式電話機は一九六五年〈昭40〉ごろまで約七〇年間もの間、他の機種と並行して使われていました。）すると銀座・滝山町の東京朝日新聞社で用いていたのは二号共電式以前の二機種のうちのどれか、ということになります。

『明治四十二年六月改　東京電話番号簿』（東京郵便局）によると「東京朝日新聞会社（編輯用）」として次の三本の電話が載っています。「長新橋　八」「長新橋　六二二」「長新橋　一九三七」の三本です。啄木は「四方から」と書いていますが、実際は三台の電話が編集局内で用いられていたのではないかと思われます。当時の電話の性能は大声を要したので先に引いたように啄木は感じ記したのでしょう。

機種の方も電話番号簿が教えてくれました。「電話番号簿索引心得」に「電話番号の上に長を冠せるは普通長距離電話加入者」とあります。先の二機種のうち長距離通話用として採用されたのはソリッドバック磁石式電話機（一八九九年〈明32〉二月東京・大阪間の電話回線完成以後）ですから、三台ともこの機種と推定されます。

上方にロボットの目玉みたいなのが二つあって、これが「電話の鈴《りん》」、二つの鈴《りん》の間にある玉付きの鉄片が左右に激しく往復して鈴をたたくわけです。掲出歌の二行目が「けたたましく」となっているゆえんです。

電話係の昼の勤務時間は正午から六時ごろまででこれは校正係と同じ。夜勤は一〇時までとなっていたがそれまでいるようなことはほとんどなかったといいます。校正係は一二時ごろまでいるので、夜の「広い〳〵編輯局《へんしゆう》」室に、受け手のいない電話が突如「けたたましく」鳴り、やがてぷつんと切れます。「誰からだろう？　何の用だったのだろう？」といった想念が一瞬うかんだことでしょう。そしてそれらは余韻とともに静寂の中に吸いこまれます。

電話を歌にしたこと自体が新しいうえに、私生活での電話ではなく「事務室」＝オフィスにあるビジネス用電話を材料にしているという点でもまことに新しい歌でした。

**終電車**

ともあれ、こうした夜勤のあとは、夜の電車に揺られての帰宅、という九〇年後の今も変わらぬサラリーマンの典型的な一コース。変わったのは電車で、当時は路面電車が急速に普及中でした。啄木は夜勤のあとは滝山町の会社を出て銀座通りにある竹川町停車場で品川方面から来る電車を待ち上野駅方面行きに乗ったようです。そして上野広小路で本郷を経由する電車に乗り換えて本郷三丁目で下車しました。そこから自宅の本郷弓町《ゆみちよう》二丁目一七番地新井方までは徒歩で二分と少々といったところでした。

途中にて乗換《のりかへ》の電車なくなりしに
泣かうかと思ひき。
雨も降りてゐき。

終電車がなくなったり、乗換えの終電がすでに往ってしまったときのあの心細さは多くのサラリーマンの熟知するところ、これを明治末に歌にしてしまったところに啄木のすごさがあります。まだサラリーマンが階層として成立する以前に、一〇〇年後にも通ずるサラリーマンの哀歓をうたってしまったのですから。

一九一〇年（明43）一〇月二〇日の宮崎郁雨《いくう》宛書簡にこんな一節があります。「今夜は夜勤だった。社を出たのが十二時十五分、ようやく赤電車に間に合って乗ったが、乗換はもうない。雨の中を上野広小路でおりた」と。赤電車は最終電車であることを示すため、方向標識に赤色電灯をつけた電車のこと。詠出の情況がほうふつとする一節ですが、実はこのあとに次の一節がつづきます。「そうして腹がへっていたからいつか君を困らした例の牛めし屋へ約一年振で入った。うまかったよ。そうして帰り俥《くるま》をみつけて乗って来ると一時二十分だった。そして君の手紙をよんだのだ。」電車はない、雨は降ってる、腹も減ってる、で赤提灯《あかちょうちん》で一杯ならぬ牛めし屋で一膳《ぜん》というわけです。そしてタクシーならぬ人力車でご帰宅、一時二〇分。サラリーマンはつらいよ、といったところ。で、たいていのサラリーマンとちがうのは、この夜郁雨の手紙を読むとすぐに巻紙をとり出し、墨を磨り、筆を執るやスラスラと休みなく手紙を書きはじめたことです。彼の書簡はなおしや消しがないことで知られていますが、ぶっつけでこの夜点丸も含め正味一三一六字もの手紙を書いてしまいます。巻紙の長さは二メートル一七センチ。しかも書体は超一級です。

## 啄木の書体

　榊《さかき》莫山《ばくざん》氏は『書のこころ』（NHK出版）で日本の名筆一六人をとりあげ、最澄《さいちょう》、空海《くうかい》、道風《とうふう》らから良寛まで一二人、そして近代人では副島種臣《そえじまたねおみ》、会津八一《あいづやいち》、熊谷守一《くまがいもりかず》とともに石川啄木を選んでいますが、その筆跡で書いたわけです。

　それにしてもこの書簡、末尾にいたって腑《ふ》に落ちぬくだりがあります。「あと十分で午前二時だ、雨がうんと降っている、皆さんへよろしく」とあるのです。帰宅が一時二〇分、郁雨の手紙を読み、墨を磨りなどすればどんなに早くても五分か一〇分は経ちましょう。一時五〇分に書き上がっていますから二〇分か二五分で一三一六字、二メートル余の手紙を書いてしまったことになります。啄木はこういった手紙の場合にはとくにそうですが、できあがった文章が頭脳からよどみなく流れ出るタイプなので文言《もんごん》をさがすための時間はほとんど要しなかったとは思われるのですが……。全集に入っていますからお読み下さい、まことに闊達《かったつ》な文章です。

　榊莫山氏はさきの本の中で啄木の岡山儀七宛の手紙をとりあげています。岡山は盛岡中学校時代の友人。郁雨宛の手紙よりちょうど一〇日前に書いたもので「出勤時間さし迫」

岡山儀七あて書簡（石川啄木記念館蔵）

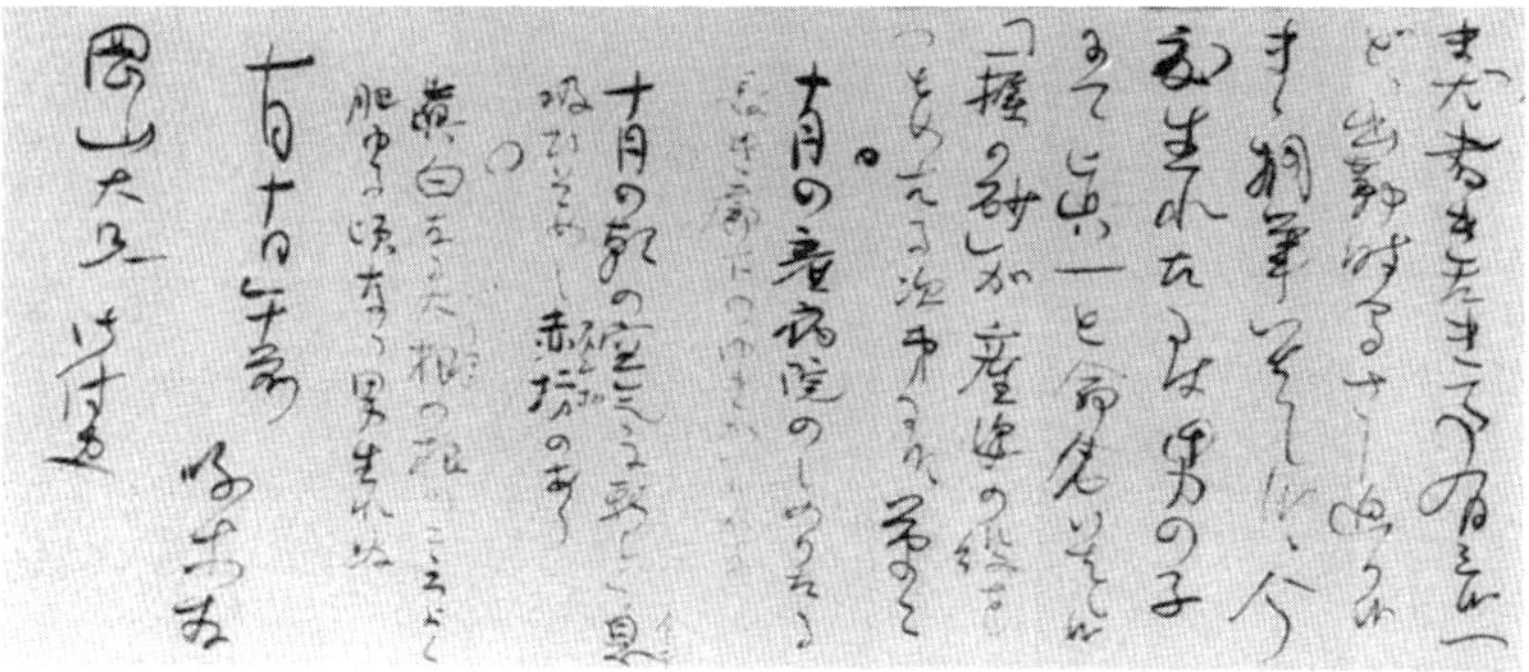

まだ書きたき事有之候へ
ど、出勤時間さし迫り候
まま擱筆いたし候、今
度生れたるは男の子
にて真一と命名いたし候
「一握の砂」が産婆の役を
つとめたる次第に候、草々

○
十月の産病院のしめりたる
長き廊下のゆきかへりかな

○
十月の朝の空気に新しく息《イキ》
吸ひそめし赤坊《アカンボ》のあり

○
真白なる大根《ダイコン》のこゝろよく
肥ゆる頃なり男生れぬ

（一九一〇年）十月十日午前　　啄木拝

岡山大兄御侍史

って大急ぎで書いています。分量は郁雨宛より多目ですがほぼ等量。書いた時期、相手、分量、大急ぎ、という点で事情のよく似た手紙ですがその書体を榊氏はこう評しています。

流れる筆のうごきはリズミカルで、モダン。はなはだ魅惑に富む。

出勤前の忙しさのなかで、走らせた手紙というのに、とても二十五歳の青年のものとは思えない。

明治の文人の書には、妙に古典的なにおいをもったものが多いが、啄木のこの手紙の文字から、明治を感じないのである。筆のうごきが明るくて、近代的な造形美にあふれているからだ。

郁雨宛書簡に対しても同様の評価がなされることと思われます。帰宅から書き上げるまでの速さ、神速といえるでしょう。それに文章の立派さ、書体の超一級の美しさを合わせ考えると、『伊勢物語』の作者が最初の段の末尾で若き主人公を評した言葉をここに転用してもよいかと思われます。

昔人《むかしびと》は、かくいちはやきみやびをなんしける。

## 超人的な仕事ぶり

さて、啄木はここで布団に入り安らかな眠りについたかといえばおそらく「否《いな》」です。さきほど引いた「今夜は夜勤だった」のくだりの直前に次の一文があります。

「この頃僕は、一日ゆっくり寝てみたいという外に希望がない。何てこう急がしく〳〵いだろうと思う。毎晩三時過ぎまでやる、それでも机の上からはちっとも用がへらない。二葉亭の二巻も来月初めに売出すので、今が一番急がしい。もうすぐ三巻の原稿整理に図書館通いをしなくちゃならない。それに来月はウント原稿料をとらねばならぬ事情がある。ホントに一日寝てみたいものだ。」

啄木は郁雨宛のこの手紙を封したあと、きっと『二葉亭全集』第二巻の校了に向けてひと仕事し、それから床に入ったことでしょう。外はまだ「雨がうんと降ってい」たでしょうか。

二晩《ふたばん》おきに
夜《よ》の一時頃《ごろ》に切通《きりどほし》の坂を上《のぼ》りしも――
勤《つと》めなればかな。

「乗換の電車」がないからといっていつも俥《くるま》に乗って帰るというわけにはいきません。現代のサラリーマンがいつもタクシーとはいかぬのと同じことです。

上野広小路から自宅まで約一・五キロですが途中かなり長い登り坂がつづきます。昼の一二時から夕方六時ごろまでの日勤のあと夜中の一二時すぎまで夜勤をすると「乗換の電車」がなくなり、「夜の一時頃」にこの道を歩くのはかなりつらかったものと思われます。しかも帰ってから仕事をしたり手紙を書いたりするのです。

現在、切通しの坂の途中湯島天神の石垣のもとにこの歌を刻んだ石碑が建っています。ところですでにお気づきのように掲出した夜勤の歌二首には、句点「。」とダッシュ「――」が入っています。三行書き啄木短歌で句点、読点、ダッシュなどが入っているのはすべて『悲しき玩具』所収のものです。これらが一切ないのは『一握の砂』所収の歌です。

さて、週休一日労働六日、三日に一度は夜勤の追加、帰宅後は暁近くまで別の仕事、翌日起きて出勤前にまた一仕事。こうした毎日では心身ともにもちません。

途中にてふと気が変《かは》り、
つとめ先を休みて、今日も
河岸《かし》をさまよへり。

わたくしのサラリーマン生活も三〇年を越えました。思い起こすと少なからぬサボリの数を重ねています。しかしこの歌のようなサボリ方は未経験です。一度実行してみたいもの、と思いますがなかなか〝勇気〟が出ません。あと数年のサラリーマン生活で〝夢〟を一度だけでよいから実現したいものです。啄木の歌には「今日も」とありますから〝実行〟は一度だけではなさそうです。産業革命が終わったばかりのころとそれ以後約九〇年を経て資本主義が比較を絶するほどに発展した現在とでは、勤務に関する、とくに無断欠勤に関するモラルのきびしさはまるでちがいます。

　啄木が「二晩おき」の夜勤をやったのは一〇年（明43）一〇月から一二月までの三ヵ月だったようですが、とくに一〇月・一一月の超多忙は啄木の健康をいちじるしく損ね、一二月になると極度の疲労感を訴えるようになります。ついに結核症が発症するのです。

　次の歌はそうした日々の少し前の七月二六日の作です。

　　はたらけど
　　はたらけど猶《なほ》わが生活《くらし》楽にならざり
　　ぢつと手を見る

　この歌一首で一冊の本になりそうですから逆にここでは簡単にいきます。

**河上肇『貧乏物語』**

啄木はこの歌をつくる一〇日ほど前に、

かゝること喜ぶべきか泣くべきか貧しき人の上のみ思ふ

と詠《よ》んでいます。貧乏を非常に多くの人々に共通の問題としてとらえる視点をすでに得ています。

この視点の獲得は幸徳秋水の赤紙の表紙の国禁の書『平民主義』を深く摂取したこととかかわっています。そして掲出歌はさらにクロポトキン『麵麭《パン》の略取』（幸徳秋水訳）の研究をもふまえています。

啄木は「はたらけど／はたらけど……」の現実感を深くおぼえるとともに、それが幾百千万の人々の共通の現実、共通の実感であることをはっきりと意識しつつ、さらにクロポトキンや秋水に導かれてよりよい社会を願いつつ、掲出歌をうたったのです。

「怠け者で借金で食っていた男がおもわせぶりに詠んでいる」などといった非難をこめて解釈する人がよくいますが、他方で次のようにとりあげた人がいます。

一九一六年（大5）九月から一二月にかけて『大阪朝日新聞』に「貧乏物語」を断続して執筆し数十万読者の絶讃を博した人、河上肇《はじめ》です。この著述では、孔子、孟子、蓮如《れんにょ》、大燈国師《だいとうこくし》、アダム・スミス、マンデヴィル、マルクス、ロイド・ジョージ等々の手になる古今東西の典籍が縦横に駆使されていますが、その一冊に『一握の砂』があります。

河上肇は第二章の一から三までの三回をつかって英米独仏という文明国に「貧乏人の実におびただし」いことを示し、第三章の一から七まででその原因を論じようとします。その二章から三章への論の展開の軸に据えたのが、啄木の掲出歌です。河上は第三章一の冒頭にこの歌を引用して、「今日の文明国にかくのごとき一生を終わる者のいかに多きかは、以上数回にわたって私のすでに略述したところである、今私はこれをもってこの二十世紀における社会の大病だと信ずる。しかしてそのしかるゆえんを論証するは、以下さらに数回にわたるべき私の仕事である」と説きはじめます。

掲出歌の神髄を直観してこれを引用した河上は自身がまたすぐれた詩人でした。

# 産業革命と望郷の歌

これまでの二つの章、そして本章の前節まで、啄木が生きた時代についてさまざまなふれ方をしてきました。以後も同じ時代についてふれていきますが、このあたりで時代の根底をなす特徴について一言しておきます。

## 啄木の生きた時代

わたくしは小著『石川啄木と明治の日本』(吉川弘文館、一九九四年)の「あとがき」にかつてこう記しました。

本書はまた「明治の日本」の後半期を生きた文学者としての石川啄木の研究でもある。日本の近代史において見るならば啄木の幼年期は産業革命の始期にあたる。そしてこの産業革命、「機械の発明と利用を基礎にして資本制生産様式が全社会的に確立する過程」であり、「全社会を資本家と賃金労働者に分裂せしめてゆく……資本制的蓄積の全面的開始期」としての産業革命は、その終期を日露戦争の直後とする（石井寛治『日本経済史』）。同じ時期に明治憲法体制も完成した。したがって啄木の生きた「明治の日本」後半期は商品生産の急速な展開にもとづく個人主義の開花、労働運動・社会主義運動の発生と発展、強権による苛酷な抑圧（大逆事件）、「民衆」と結合したデモクラシー運動の胎動等をその特徴として持つ。

啄木の三次にわたる上京も、浪漫主義的・天才主義的生き方も、あの超凡の予見や教育も、強権の最深部にまで達した鋭い批判も、それらの結実としての文学上の達成も産業革命期・明治憲法体制成立、完成期日本とのぬきさしならぬ関係の中から生じたのである。

わたくしの言いたいことは右にほぼ尽きているのですが「産業革命」についてもう少しふれておきます。石井寛治氏の『日本経済史』（第二版、東京大学出版会）を主として参考にさせていただきます。

## 産業革命と原始的蓄積

産業革命とは、機械の発明と利用を基礎にして資本主義的生産様式が全社会的に確立する過程のことです。資本主義の国はもともと資本主義の国であったわけではありませんから、ある時期に一国の支配的な生産様式が封建的（前近代的）なものから資本主義的なものへと転換する過程を経ねばなりません。これを経てはじめて資本主義国となったわけです（二〇世紀初頭までの場合）。この過程のうちもっともドラスティックな時期、国民経済全体が資本主義的に編成され終わる画期が産業革命です。この過程で封建的生産様式に特有の小生産者層（農民や手工業者など）を機械制大工業が強力に分解し、社会を資本家と賃金労働者の両極に分裂させていきます。こうして資本主義が確立し、これからまさに資本主義的生産が全面的に展開しようとする時期をもって産業革命は終了します。

イギリス、フランス、アメリカ合衆国、ドイツ、ロシア、日本などの産業革命はそれぞれに特徴があり、また時期も異なりますが次の一点については共通しています。「資本主義社会の経済的構造は封建社会の経済的構造から生まれてきた。後者の解体が前者の諸要素を解き放したのである」（マルクス『資本論』第一巻第二四章、岡崎次郎訳）という法則がそれです。

どこの国の場合も産業革命が起こる以前に社会の一方に大量の生産手段や貨幣が蓄積され、他方に労働力を売る以外に何物も所有しない人々（自由な労働者）の大群が発生しているという二つの条件が成立していなければなりません。この条件の成立過程のことを原始的蓄積（本源的蓄積）といいます。この二つの条件の合体したところに、すなわち生産手段・貨幣の所有者が無一物の労働者を雇って働かせたときに資本主義的生産関係が成立します。（この関係を大規模に成立させて原始的蓄積の最終局面を形づくるのが産業革命です。）

それでは一国の社会の中にどうして「自由な労働者」の大群が生じるのでしょう。イギリスの場合は三百数十年間にわたって働く者たちを土地やその他の生産手段からひきはがし放り出していく残酷な歴史がありました。日本の場合はイギリスとちがって農村に封建時代からある共同体を温存したままで、農民の下層部分を農村から析出し、彼らが都市に流れこまざるをえなくするという道をとりました。このことは日本人の望郷感を形づくるうえで特殊な要因となりました。

さて、石井氏は日本の産業革命の始期と終期について次のように述べています。

始期は「綿紡績業・鉄道業・鉱山業を中心にみられた企業勃興の時期」で一八八六年

（明19）から八九年にかけてのころ。

終期については次の諸事実を指標に掲げています。「(1) 生産手段生産部門において、民間有力造船所の技術の世界水準到達（一九〇八年、天洋丸竣工）、池貝鉄工所の工作機械製造技術の世界水準到達（一九〇五年、アメリカ式旋盤完全製作と池貝式標準旋盤創製）と他の有力工作機械メーカーの発足（一九〇五〜一〇年に新潟・大隈・唐津各鉄工所、東京瓦斯電気工業が創業または工作機械製造開始）、官営八幡製鉄所の銑鋼一貫作業定着（一九〇四年）と民間諸製鋼所の発足（一九〇一〜一二年に住友鋳鋼場・神戸製鋼所・川崎造船所鋳鋼工場・日本製鋼所・日本鋼管発足）などの諸事実」および「(2) 織物業において、日露戦争を画期に力織機化が急激に進展し、一九〇九年には力織機工場を中心とする五人以上の『工場』生産額が織物全産額の過半を占めるとともに、綿布輸出額が初めて輸入額を上回り、手織機台数は一九〇七年末をピークとして徐々に減少へ向かう事実」、これらの事実を指標として産業革命の終期を「日露戦争直後の時期（一九〇七年恐慌前後）」としています。

## 産業革命と望郷

本書は右に述べてきたような事柄を根底にふまえつつ、啄木短歌にその時代が映し出されている様を見ようというのです。

啄木の生きた時代が産業革命期とその直後だったということは、厖大《ぼうだい》な人口が農村を出て都市へ移動した、ということでもありましたが、その都市の生活が大多数にとっては貧しく辛《つら》く悲しいものであったことはさまざまの記録によっても明らかです。

東京や大阪のような大都市、あるいは地方の工業都市などに出て来た人が、そこでの現実がつらければつらいほど、美しくなつかしく思い出すのが「ふるさと」でした。日本の原始的蓄積は農村の共同体を存続させたので人々にとってふるさとは、自然の山河とともに家族や「幼馴染《おさななじみ》のあの友この友」(「誰か故郷を想わざる」)を含む共同体が待ってくれているところ、なのでした。

「望郷」は今や国民的生活感情となりつつありました。「ふるさと」(高野辰之作詞・岡野貞一作曲)が『尋常小学唱歌(六)』に載ったのは一九一四年(大3)のことです。

一　兎《うさぎ》追いしかの山、
　小鮒《こぶな》釣りしかの川、
　　夢は今もめぐりて、
　　忘れがたき故郷《ふるさと》。
二　如何《いか》にいます父母《ちちはは》、

恙《つつが》なしや友がき、
　雨に風につけても、
　　思い出ずる故郷。

金田一春彦・安西愛子編『日本の唱歌（上）明治篇』（講談社文庫）の「故郷の空」（旗野十一郎）の注記に編者はこう書いてます。「『サマー・タイム』という題の映画を『旅情』と改め、『ペペ・ル・モコ』という題の映画を『望郷』と改めたら、日本人のお客はわっと詰めかけたと言われるが、『故郷の空』という題材は日本人のことに好むものである」と。

**エッセイ「田園の思慕」**

この望郷の念をうたった文学者のチャンピオンが石川啄木で、その歌々の編みこまれているのが『一握の砂』の「煙　二」です。以下にこの章から望郷歌をとりあげてみますが、その前に啄木自身の「望郷」に関する深い思索をふまえることにしましょう。

望郷歌・回想歌を大量に詠出したちょうどそのころに、彼は「田園の思慕」というエッセイを書いています。二〇〇〇字くらいの短いものですが、複雑な思慕を内蔵していて汲めども尽きぬ味わいがあります。ここでは視点を啄木の望郷論にしぼってよみ、五ヵ条に内容をまとめてみました。

一、幾十百万の、都会への「悲しき移住者」たち（自分もその一人である）の「田園思慕の情」は都会での「長い劇《はげ》しい労苦と共にだんだん深くなってゆく」。これは「産業時代といわるる近代の文明」の産物である。

二、美しくなつかしく思い出すふるさとであるが、もし実際に帰ることができたとしても「それが必ずしも真の幸福ではないことを」彼らも私も知っている。

三、つまり「故郷の俤《おもかげ》――山、河、高い空、広々とした野、澄んだ空気、新鮮な野菜、穀物の花及び其処《そこ》に住まっている素朴な人達の交わり――」への思慕には幻想がふくまれており、望郷の念とは夢見ることに通じるものである。

四、それではそのような「田園の思慕」＝望郷の念は否定しさるべきか？　否、逆である。「安楽《ウエルビイング》を要求するのは人間の権利である」というクロポトキンの思想に共鳴する自分はこの夢見る権利を大切にする。

五、ただし自分は、ふるさとの夢の向こうにもっと大きな夢を見る。「現代文明の全局面に現われている矛盾が、何時《いつ》かは我々の手によって一切消滅する時代の来るという」夢を。

こうしたふまえが根底にあるので、啄木の望郷歌には深さがあるのだろうと思われます。(同様のことは回想歌についてもいえます。)

ふるさとの訛《なまり》なつかし
停車場《ていしゃば》の人ごみの中に
そを聴きにゆく

## 望郷の歌々

啄木の「ふるさと」は北岩手郡渋民村。啄木は「ふるさと」がなつかしいと言わずに「ふるさとの訛」がなつかしい、とうたいます。ふるさと恋しの思いがつのって、そこに帰ることができないのならせめてお国訛を聴けるだけでいい、詩人は切なくもこう考えます。その「なつかし」さも半端なものではなく実際に彼は「停車場」まで歩いて行きます。「停車場」とは上野駅のことです。森鷗外は小説『青年』の中で上野駅のことを書いています。「時候がいいので、近在のものが多く出ると見えて、札売り場の前には草鞋《わらじ》ばきでふろしき包みを持った連中が、ぎっしり詰まったようになって立っている。」啄木はきっとこうした所やこうした「三等客の待つベンチのあるところ」などに行ったのでしょう。耳を澄まして「そを聴」いている啄木の聡明《そうめい》そうな目つきまでが見えるようです。

かにかくに渋民村《しぶたみむら》は恋《こひ》しかり
おもひでの山
おもひでの川

吉井勇の『酒《さか》ほがひ』によく知られる次の歌があります。

かにかくに祇園《ぎをん》はこひし寐《ぬ》るときも枕の下を水のながるる

こちらはわたくしのまったく知らない世界なのでなかなか想像が追いつきませんが、大変色っぽい世界がうたわれています。この脂粉の香漂う歌を利用して啄木はすばらしい望郷歌に作りかえてしまったわけです。換骨奪胎のお手本ともいえましょう。さまざまに（＝かにかくに）渋民村は恋しい。そのふるさとのことどもの中で今まっさきに思いうかぶのが、おもいでの山だ、おもいでの川だ、と詩人はうたいます。詩人のうたう山は岩手山《いわてさん》、姫神山《ひめがみやま》、川は北上川ですが読み手がそれぞれの「おもひでの山」「おもひでの川」をもっているなら、わが思いそのものの歌となってしまう名作です。

ふるさとの山に向ひて
言ふことなし

ふるさとの山はありがたきかな

むかし『短歌評論』という雑誌（一九三四年〈昭9〉四・五月号）が「私の愛誦する啄木の歌」というアンケートをやっていて、中に岩波茂雄（岩波書店の創業者）のこんな回答があります。「詩編『われ山にむかいて目をあぐ、わが扶助《たすけ》はいずこよりきたるや』を思う。『かにかくに渋民村は恋ひしかりおもひでの山おもひでの川』は愛誦歌なれど之《これ》より更に好きである」と。

現代は山の景観をおそろしいばかりに破壊しています。破壊の第一の犯人は大気汚染。山と人の目との間にはひどいにごりが入りました。それは葛飾北斎《かつしかほくさい》の「凱風快晴《がいふう》」を、灰色の絵の具を水にといてジャブッとかけてから眺めるようなものです。当然山の背景をなす空もおそろしくきたなくなりました。遠くからでも感じえた山の気も今やどこかへ行ってしまいました。第二の犯人は視界をさえぎる高い建造物、電柱、鉄塔、電線、高架道路等々。第三の犯人は山そのものへの暴行です。観光地化、工業化等のためなら太古からの景観だって平気でこわす築造物。山の表をズタズタに切り裂いて走るアスファルト道路。林道。裾野をいためるゴルフ場。

少なくともわたくしと同年代までの人々の多くは「ふるさとの山」をもっているはずで

す。学生時代、北海道出身のわたくしが太陽の登る大雪山《だいせつざん》を自慢すると、長野県出身の親友F君は穂高の夕焼をたたえたものでした。わたくしどもやそれ以前の日本人にとって山は、偉大なもの、美しいものであるだけではなく神秘を帯びた崇敬の対象でもありました。岩波茂雄が旧約聖書の「詩編」第一二一編の一部を連想しているのも、啄木の歌になつかしさを超えたある感情を鋭くも読みとり共鳴しているからでしょう。

汽車の窓
はるかに北にふるさとの山見え来れば
襟《えり》を正すも

という歌にも同じ感情が表われています。

次の二首は望郷歌ではなく現在のふるさとと人に思いを寄せる歌です（「煙　二」）。

**故郷出る者戻る者**

あはれかの我の教へし
子等《こら》もまた
やがてふるさとを棄てて出《い》づるらむ

ふるさとを出《い》で来《き》し子等《こら》の
相会ひて
よろこぶにまさるかなしみはなし

前の一首は前述のように原始的蓄積の最終局面としての産業革命期およびその後の資本主義発展期において、農村がその下層からたえず労働人口を析出しては都市に送り出していた、その巨大な流れを反映しています。

二首目は第三行が難解でしたが、エッセイ「田園の思慕」をふまえることで氷解しました。「ふるさとを出で来し子等」の運命を啄木は見ているのです。つまり彼らの未来には「長い劇《はげ》しい労苦」の都会生活が待っているであろうこと、その生活にあって彼らがふるさとを恋しく思うの情＝田園の思慕に身をやくようになるであろうことを見ているのです。未来の「悲しき移住者」たちがまだ自分の運命を知らぬまま、「相会ひてよろこぶ」、これに「まさるかなしみ」があろうか、と啄木はうたうのです。啄木が今見ているのは単に何人かの「出で来し子等」の運命だけではありません。「産業時代といわるる近代の文明」が生み出す無数の人々の運命を見ているのです。

その名さへ忘られし頃
飄然《へうぜん》とふるさとに来て
咳《せき》せし男

これも望郷歌ではありませんが、ふるさと人《びと》を回想する歌です（『煙　二』）。「咳せし男」は「悲しき移住者」だったのが肺結核にかかってふるさとにまいもどったのだと思われます。肺結核をふくむ結核（症）という伝染病は、イギリス、フランス、ドイツ等で産業革命の進展とともに蔓延《まんえん》し、ヨーロッパでは「白いペスト」と呼ばれておそれられました。ピークは一九世紀の半ばから末までの時期でした。日本では二〇世紀のはじめから半ばまでの時期がピークをなしていました。啄木が歌に詠んでいる今は二〇世紀が最初の一〇年を経過したところです。

## 結核の循環

なぜ産業革命は結核を蔓延させるのか。欧米では、都市における「過重な労働、劣悪な労働条件、不衛生な住環境、栄養不良と、農村からの都市移住者の間の結核に対する免疫性の未発達とが重なっ」た（武井秀夫）ことが原因でした。

日本においても原因は基本的に欧米諸国と同じでしたが、日本の原始的蓄積・産業革命の特殊性が次のように作用しました。

「共同体の未解体とそれを基盤とする半封建的地主制の拡大という条件の下で主として小作貧農層から析出されてくる低賃銀労働力」（石井寛治、前掲書）を都市の工場が吸収して、一九世紀の欧米に勝るとも劣らぬ悪条件下で働かせたのです。一、二年のうちには多くの結核患者が出てきます。資本家はその患者たちを農村に送りかえしてしまいます。いわば農村に捨てるのです。そしてあらたに、新鮮な労働力を農村から吸いあげて来ます。貧しく生活条件の劣悪な農村では持ちこまれた結核菌が猛威をふるいます。このおそるべき循環のメカニズムがフル稼働してゆくのです。

工場で結核になった者は他方で農村に環流せず都市の陋巷《ろうこう》にとどまることも多くありました。都市でも工場の外に結核が広がります。かくて結核は農村といわず都市といわず日本国中に蔓延することになります。啄木の掲出歌はこうした時代における結核の「帰郷」を映しています。

結核は今や工場労働者や農民たちだけの病気ではありません。最初の章「近代の断片」でふれた『不如帰《ほととぎす》』のヒロイン浪子《なみこ》は華族片岡男爵《だんしやく》の娘ですが肺結核で若い命を失います。そして農村における特権階級の屋敷の中にも結核菌は容赦なく侵入します。エドガー・アラン・ポーの「赤死病の仮面」を思い出させます。

肺を病む
極道地主《ごくだうぢぬし》の総領《そうりやう》の
よめとりの日の春の雷《らい》かな

結核は今や「国民病」です。

年ごとに肺病やみの殖えてゆく
村に迎へし
若き医者かな

啄木の犀利《さいり》なまなざしは時代の根底をなす動きとそれにともなう結核の拡大再生産過程にまで届いている、といえるでしょう。

宗次郎《そうじろ》に
おかねが泣きて口説《くど》き居り
大根の花白きゆふぐれ

**ふるさとの光景**

宗次郎・おかねは渋民村に暮らす若い男女です。歌の当時二人は夫婦だったのか、まだ「いい仲」の段階であったのかがよく分かっていません。夫婦だったのなら「口説」く、は酒飲みの夫を泣いていさめているのだ、という通説が生きてきますし、結婚前であるなら色恋がらみの「口説き」の説が浮上します。

前者の解釈をとったとしても、一〇〇年近く前の岩手県渋民村、そこに暮らす若い男と女の小さなドラマ風の様子、春の夕暮に浮かぶ大根畑の白い花、とくればロマンチックな連想をかもし出します。

一幅の絵のようでもある光景を啄木はなつかしく回想しうたったのですが、一首は同時に望郷歌ともなっています。

馬鈴薯《ばれいしょ》のうす紫の花に降る
雨を思へり
都の雨に

東京の雨（もちろんアスファルトではなく土の地面に降る雨）を眺めているとその雨はいつしかふるさとのジャガイモ畑の雨になっています。ジャガイモの花は径二、三センチのうす紫か白の花で中央のやくの黄色がちょっと目立つ、といってもなにしろ小さな、地味な花です。それが不愛想な葉にまじって咲くのですから、人に賞《め》でられることなどほとんどなかったのではないでしょうか。六月ごろに咲きますから「雨」は梅雨《つゆ》＝五月雨《さみだれ》でしょう。

「都の雨」の中に映し出されたふるさとの一景のなんと可憐でノスタルジックなことか。この歌も回想歌であると同時に望郷歌でもあります。

あはれ我がノスタルジヤは
金のごと
心に照れり清くしみらに

「あはれ」は感動詞。「ノスタルジヤ」は郷愁・望郷の念。「しみらに」はすきまもなくぎっしりと、の意。〈ああ、わたしの望郷の念はあの高貴な金のように美しく、しかも清らかに光を放ってわたしの胸に満ちている〉とうたうのです。

やはらかに柳あをめる
北上《きたかみ》の岸辺目に見ゆ
泣けとごとくに

啄木望郷歌中の最高傑作として推されることの多い一首です。もう以前のことになりますが（一九八五年と八六年に）わたくしは文部省検定国語教科書（高校・現代文関係）における啄木関係教材を調べたことがあります。一九四九年から八五年までの三七年分のほぼ全部を調べました。啄木の短歌からは八九首もの多様な作品が採用されていました。人《ひと》麻呂《まろ》も貫之《つらゆき》も茂吉《もきち》もこんなに多くはとりあげられていないでしょう。こんなに多くの短歌作品をとりあげられる歌人は空前にして絶後ではないかと思われます。

その八九首中でもっとも頻繁にもっとも多種類の教科書に採用された歌こそ、この「やはらかに柳あをめる」です。

また啄木の文学碑は北海道から沖縄まで広く存在し、すでに一四四基を数えるそうですが（一九九九年四月現在、浅沼秀政氏調査）、その第一号の碑面に彫られたのもこの歌です。

## 名歌鑑賞

どうしてそんなに愛されるのか？　その秘密をここでは歌の音韻構造にしぼってさぐってみたいと思います。この歌の音韻構造については碓田《うすだ》のぼる氏ほかいろいろな人たちによって論ぜられ、指摘されていますが、それらを参考にしつつこの歌をわたくしなりに鑑賞してみます。まず一行目。

ya wa ra ka ni　ya na gi a o me ru

冒頭の「や」音はごく自然に、かまえることなしに口をついて出ることのできる音です。この音に導かれてゆったりとやわらかくすすみはじめた調べは「らか」のところでテンポを早めます。初句五音中に開放的な「a」音が四つもあり、一行目の明るい情景にぴったりとマッチしています。

二句目にかかってふたたび「や」音があらわれます。つまり初句と二句とは頭韻をふんだ形となっています。「やなぎ」の3音はかすかに早いテンポでまとめられるとともに、「や」音と同じく自然な「あ」音にかかってゆったりと二句目が進行します。この句は「やなぎ・あをめる」と3・4音に分かれ、後半はさらに「あを・める」という2・2音に、かすかに分かれます。

二行目に行きましょう。

kitakamino kisibemenimiyu

この行にかかるや鋭く緊《しま》った「き」音があらわれます。しかし次の「た」がそれを明るく開放し、かすかな休止感覚をよびおこしつつ「かみの」と早めのテンポにまとめられます。第四句がふたたび「き」音をもってはじまります。二行目は三句と四句が頭韻をふんでいるわけです。「きしべ」は緊った鋭さのあるひびきをもち、「めにみゆ」は「めに・みゆ」と成っていてやわらかな音、ゆるやかなリズムをなしています。

つまり二つの五七・五七が「や」音と「き」音でそれぞれ頭韻をふみ、しかもその「や」と「き」は対照をなすひびきをもち、その上二つの五七は同じ2・3、3・2・2

から成る共通の律をもっているわけです。

この美しい調べは三行目に、詩人の強い感情表現の中に流れこんでいきますが、この句もまた「なけと・ごと・くに」と前の七音の句二つと同じ律をもっています。

以上にはわたくしの恣意《しい》的な「分析」も入っていることと思われます。でも次の点だけは言い切れます。この歌は一行ずつよんでゆくべきであること、まちがっても五七五、七七とはよまないこと、がそれです。

晩春の陽光ふりそそぐ新緑の柳、その下を、あるいは青くあるいは光を反射しつつ、いかにも涼しげに流れる水量豊かな北上川、その岸辺。われわれは美しい韻律にのって詩人の胸に広がる情景を詩人とともに見ることができます。そしてその情景を詩人が「泣けとごとくに」思慕しなつかしんでいるのである、と最後の一行で知ります。われわれのイメージの中に広がる北上の岸辺、われわれの心を打つ詩人の望郷の思い、これらがたぐいまれな韻律の中で複合し融け合ったところに大きな感動が生まれるのだと思われます。

# 近代日本のネガ

# 赤旗事件

## 「暇ナ時」

一九〇八年（明41）四月末北海道から上京し売れる小説を書こうとして失敗、焦りのうちに迎えた六月二三日の夜中、というよりも二四日の午前〇時ごろ、突然、啄木に異変が起こります。歌があふれ出て止まらなくなるのです。「暇《ひま》ナ時《とき》」と題したノートにそれらを書き止めていきました。昼の一一時ごろにようやく湧くのがストップしました。「暇ナ時」には一一三首が記されていました。翌二五日夜からまた湧き出します。「頭がすっかり歌になっている。何を見ても何を聞いても皆歌だ。この日夜の二時までに百四十一首作った。父母のことを歌う歌約四十首、泣きながら」と日記にあります。

この「父母のことを歌う歌」の間に奇妙な作が二つまじっています。

女なる君乞ふ紅き叛旗《はんき》をば手づから縫ひて我に賜《たま》へよ

君にして男なりせば大都会既に二つは焼けてありけむ

この二首と直前の六月二二日に起こった赤旗《あかはた》事件との関係を指摘したのは岩城之徳氏でしたが（『石をもて追はるるごとく』一九五六年）、卓見です。

赤旗事件とはこんな事件でした。当日午後一時から神田錦町三丁目の錦輝館《きんきかん》（映画や演説会などに使われたクラブハウス）で、社会主義者山口孤剣の出獄歓迎会が催されました。山口は政府のむごい言論弾圧で一年と二ヵ月半も投獄されていたのです。在京の社会主義者等約七〇名が錦輝館に集いお祝いをしたのですが、閉会まぎわという夕方六時ごろ会場内に波乱が生じました。日ごろの官憲のあまりの圧制、集会・結社・言論・出版等の自由へのあまりの制限にがまんしきれなくなっていた若手の無政府共産主義者、大杉栄《さかえ》・荒《あら》畑寒村《はたかんそん》らが小さな赤旗（たて九〇チセン、よこ一二〇チセンほど）をふりまわし屋外へ飛び出したのです。

これをめぐってひと騒動となり、結局一四人が逮捕されました。その中には仲裁に入って仲間と警官の双方をなだめ、旗を巻かせて騒ぎをおさめた堺利彦《としひこ》・山川均《ひとし》（当時の社会主義運動の指導者）も入っていました。大杉、荒畑は神田警察署に拘引されたうえ暴行を受けました。荒畑のことを心配して署に出向いた管野《かんの》すが、神川マツ子という二女性も拘留されてしまいます。その際管野も暴力をふるわれます。

『東京朝日新聞』『国民新聞』などが事件を詳報し、とくに「一行中に交《まじ》れる妙齢の佳人」のことをおもしろおかしく書きたてました。女性アナキストたちの街頭への登場にインパクトを受けた者も少なくなかったでしょう。

啄木の日記には事件への関心を示すものはまったくありません。ところが、前述の歌の異常な創造過程において、赤旗事件が突如意識の底から意識の表面に浮かび出てきて二つの歌となってしまいます。これが不思議なのです。この事件の真の重大性はおそらくこの世の誰もまだ気づいていません、もちろん啄木も。しかし啄木の頭脳はかってにいちはやく事件を二首の短歌にかえてしまったのです。まるで事件の重大さを予知したかのように。

## 赤旗事件の後

赤旗事件のその後を簡単に追ってみましょう。八月二九日判決がありました。どうしたことか開廷は二時間も遅れ、判決を言いわたす島田裁判長の手がふるえていました。ふるえながら下した判決はムチャクチャに重いものでした。仲裁に入って騒ぎをおさめた堺利彦が重禁錮《じゅうきんこ》二年・罰金二〇円、山川均も重禁錮二年。大杉栄は重禁錮二年六ヵ月・罰金二五円（別件の罪も加算）、荒畑寒村は重禁錮一年六ヵ月・罰金一五円の判決でした。ほかに八人が重禁錮二年〜一年の有罪となりました。

管野《かんの》すが、神川マツ子は無罪でしたが、すでに二ヵ月余東京監獄に囚われていました。

国家権力自体が自らの法を蹂躙《じゅうりん》するようなこの重罪判決は社会主義者・無政府主義者たちにとうとう報復感情を抱《いだ》かせることになりました。最大の憤怒に身をやいたのが当時高知県中村で病気療養かたがたクロポトキン『麵麭《パン》の略取』を翻訳中の幸徳秋水《こうとくしゅうすい》でした。管野すがの胸にもテロリズムの白い炎が燃えあがってしまいました。箱根林泉寺の僧内山愚童《ぐどう》は赤旗事件の被告たちの「入獄紀念」にリーフレット『無政府共産』を秘密出版し各地に発送しました。これを受けとったことをきっかけに宮下太吉《たきち》という機械職工が爆裂弾による明治天皇暗殺を決意するようになります。長野県、群馬県を足場にきびしい弾圧下で活動していた二一歳の青年新村忠雄《にいむらただお》も報復を誓いました。

これらは社会主義者・無政府主義者たちの巨大な怒り、報復感情の突出した一角でした。赤旗事件は次にやってくる恐るべき事件を準備したのです。

この節では「社会主義」「無政府主義」ということばが何度か出てきました。次の節でもよく出てきます。二つのことばを簡単に説明しておきましょう。この二つの概念はまずまったく切りはなして理解しなくてはなりません。

「社会主義」とは、私的所有を基礎とする資本主義が多大の悲惨・矛盾を生み出しているのを批判して、生産手段（工場・土地・原材料など）の一部または全部を社会的所有にしよう、という主義です。

「無政府主義」は一切の権力や強制を否定し、個人の自由を拘束することのない社会をつくろう、という主義です。

もし、無政府主義を実現するには社会主義（共産主義）の実現と結合すべきだと考えると、二つの主義はドッキングして無政府社会主義（共産主義）となります。なお「共産主義」は当時にあっては社会主義と同じと考えてよいでしょう。

# 幸徳秋水の闘い

雄々しくも死を恐れざる人のこと巷《ちまた》にあしき噂《うはさ》する日よ

作歌は一九一〇年（明43）一〇月一三日。この歌は『一握《いちあく》の砂《すな》』にも収められずまた他のかたちで活字化されることもなく、歌稿ノートの中にひっそりと記されたままでした。公表できなかったのです。幸徳秋水をうたった歌だからです。歌が作られた一〇月一三日といえば、幸徳らが起訴されようとしている事件の内容（明治天皇暗殺未遂）がすでに世間に知れわたっていた時期です。

ちょっと時代をさかのぼります。一八六八年（慶応4）四月九日（旧暦）に天皇とはじめて会見した大久保利通《としみち》はその日こう記します。「余、一身の仕合《しあわせ》に候《そうろう》。感涙のほかこれなし。……藩士にては始めての事にて、実は未曽有の事と恐懼《きょうく》奉《たてまつ》り候。」四月一七日（旧暦）木戸孝允《たかよし》は「布衣《ふい》（平民の身分）にて天顔を咫《し》尺《せき》（間近）に奉拝せし事、数百年、いまだかつて聞かざるなり。感涙満襟」と記します。

## 秋水の皇室崇拝

幕藩体制を覆した革命家にして近代日本最高の政治家たちである大久保・木戸が、満一五歳の少年天子と会見してこの感激です。まして人民にとっては「天子様」は文字通り雲上の人でした。

それから四三年の間に天皇の制度化と神格化が強力に推しすすめられました。とくに日露戦争後は極端に神格化が進みました。そうした時期の明治天皇暗殺未遂事件でしたからその首謀者とされる秋水に対し、「巷」ではどんなに「悪しき噂」がなされたことか、想像に難くありません。

ところで秋水はなぜ事件を起こしたのか。この点に焦点をあてて、秋水の軌跡をスケッチしてみます。おのずから啄木が讃えた理由も見えてくるでしょう。

「二千五百年一系の皇統」すなわち「国体」は「古今東西類のない話しで、日本人に取ては無上の誇りでなければならぬ、国体云々の言葉を聞けば、万人均《ひと》しく心臓の鼓動するのも無理はないのだ」（「社会主義と国体」）。

これは正真正銘幸徳秋水のウソ・イツワリなしの心情です。一九〇二年（明35）一一月一五日の『六合雑誌《りくごう》』に載っています。

翌年一一月一五日、堺利彦らと組んで平民社の旗上げをし、週刊『平民新聞』を創刊します。一面トップを飾る「宣言」は、自由＝平民主義、平等＝社会主義、博愛＝平和主義を力強く打ち出しました。日露開戦を間近に控えて平和主義・非戦論を主張するのは大いなる勇気のいることでした。

「宣言」はまた自分らの主義を実現する手段は「国法の許す範囲内に於」ける言論の闘いであって、「暴力に訴えて快《かい》を一時に取るが如きは、吾人《ごじん》絶対に之《これ》を非認す」と主張しています。

この皇室崇拝・平和革命主義の幸徳秋水をまったく変貌せしめるのはこれから見るように国家権力です。幸徳・堺らの平民社の運動は反戦・社会主義の運動として知られ評価されていますが、視点を変えると、思想・集会と結社・表現（言論・出版その他）の自由のための闘いでありました。「宣言」にうたう「平民主義」の項はかなり未熟な民主主義の主張なのですが、平民社のもっとも現実的、中心的な闘いは思想・結社・表現等の自由を求める闘いとならざるをえませんでした。彼らは民主主義的自由のためのもっとも果敢な戦士の役割も担うことになるのです。

### 弾圧される秋水

明けて一九〇四年（明37）二月一〇日、日本はロシアに対し宣戦を布告します。三月二七日秋水は『平民新聞』に論説「嗚呼《ああ》増税」を執筆します。「吾人の平和と幸福と進歩とを来《きた》さしむる」ためにあるはずの「国家政府」が「殺戮《さつりく》、困乏、腐敗」をもたらす「戦争の為め」に増税するとは何事か。このたびの戦争は「単に少数階級を利する」にすぎぬ。「政治家、投機師、軍人、貴族の政治を変じて、国民の政治とな」すの道は社会主義制度の実行である、と訴えました。

新聞は発売禁止、発行人兼編集人の堺利彦は軽禁錮《きんこ》二ヵ月の実刑を受けます。日本の社会主義者の入獄第一号です。一つの道理を貫いた論説に対するこの処罰は非理・苛酷です。しかしさきに見たように、この四年後の赤旗事件では何も法に触れてないに等しい堺が重禁錮二年・罰金二〇円の刑を科せられ、その二年後の大逆事件では十何人もの無辜《むこ》に等しい人々が絞首刑、無期懲役となります。

この「嗚呼増税」の摘発と前後して非戦論の演説会の中止・解散、『平民新聞』地方読者への干渉が激しさの度合いを増して行きます。

一一月六日の『平民新聞』一面トップに「小学教師に告ぐ」（石川三四郎）という論説が載ります。こんな内容です。小学教育は「次代の人民を造る可き唯一手段たる教育の根本事業」である。それなのに小学教師の待遇は何と劣悪でその地位は何と不安なことか。しかも彼らがやらされているのは国家のための教育であって、人類のための教育なのではない。このような現実を根底から改めるために、「満天下の小学教師諸君」「速かに我が社会主義運動に投ぜよ」というものでした。

この記事ほか二編のために、『平民新聞』第五二号は発売禁止、そのうえ起訴されます。翌週一一月一三日の『平民新聞』は、マルクス＝エンゲルスの『共産党宣言』（全四章中の一、二、四章）を訳載しました。即日発売禁止（裁判で罰金八〇円）。

平民新聞創立一周年記念の園遊会をやろうとすれば中止！　社会主義大演説会を催すと「中止！　中止！　解散!!」

平民社に本部があった社会主義協会に対しても「結社の禁止」！

そしてさきの『平民新聞』第五二号（「小学教師に告ぐ」等）をめぐる裁判の第二審判決

が翌〇五年（明38）一月一一日に出ます。発行兼編集人の西川光次郎は軽禁錮七ヵ月・罰金五〇円、印刷人の幸徳秋水は軽禁錮五ヵ月・罰金五〇円。『平民新聞』の発行禁止、そしてもうマンガみたいですが、国光社という印刷所に行ってその五二号を刷った機械はどれかをご丁寧に特定したうえでこれを没収！

幸徳らの思想を押えこむために、その表現（言論、出版等）の手段を奪い、集会も結社もたたきつぶしていく様は、平民社に拠る社会主義の運動体に対し、まるでその口にものを詰め、その両手足をもぎ、あとは目でも耳でもつぶしてやらん、と立ちはだかる悪鬼さながらです。

## 秋水の転機

財政状態を含め悪戦苦闘するその秋水らの耳にとびこんできたのは、日本が戦争している当のロシア、日本よりさらにむごい専制国家のロシアに、革命の気運がもりあがっているとの報道です。そして一九〇五年一月二二日、ロシア革命が勃発します。血の日曜日です。ストライキの波、大デモ行進、労働者の武装。秋水はロシアの革命運動の中に、日本の社会主義運動を切り拓《ひら》くための手がかりを得ようと目と耳とを研ぎすましします。

そして自分たちの社会運動を「国法の許す範囲内に於」ける言論の闘い、でやっていくという一年前の方針はまったく通じなかったことを自覚したようです。そして、「暴力に訴え……るが如きは、吾人絶対に之を非認す」という考え方も日本の運動の挫折、ロシアの運動の高揚の中で再考を迫られます。

さらに、あれほど皇室に尊崇の念を払っていたのに、さきほどの『平民新聞』五二号事件の第二審は、秋水ら被告を「我国の精華たる根本的大義を蔑《ないがしろ》にし」た、と断じています。つまり非戦論・社会主義の運動を推しすすめ、その結果として民主主義的自由を求める闘いをも推しすすめてきた秋水は天皇制に対する挑戦者である、と天皇制権力そのものによって判定されたわけです。秋水は、自己の主義を改めて、天皇制と折り合えるものに変えるのか、この一年間の運動の方向を貫いて、天皇制との真正面からの対決に進み出るのかの選択を迫られます。

紙幅の都合でこのあとの秋水についてはごく手みじかに述べます。

一九〇五年（明38）の入獄中（二月二八日～七月二八日）に秋水は天皇制との対決を決意します。そして渡米中（一一月一四日～翌年六月五日）にその線に沿って思索を進めます。帰国したときの秋水は平民社旗上げのときとくらべると、思想的に別人のようになっていました。

A　従来のマルクス系社会主義に代えて、クロポトキンの無政府共産主義を理論上の支柱にする（無政府主義は本来的に君主制＝天皇制否定を含む）。

B　運動理論としては「直接行動論」に拠る。（「直接行動論」とは普通選挙＝議会という間接的手段によらず、労働者の「総同盟罷工《ゼネラルストライキ》」という「直接行動《ヂレクト・アクション》」によって社会主義を実現すべきだ、という運動論である。）

C　テロリズムもまた日本の革命運動においては不可欠の手段である。

D　自分の役割は以上三点を言論（著述、演説、座談等）による「伝道」を通じて社会運動の中に浸透させることである。

こうして秋水は「伝道」をはじめました。日本の社会主義者のかなりの部分に幸徳の思想が（テロリズムも含め）伝播《でんぱ》していきました（一九〇六年以後）。

国家権力の側でもいろいろと情報を入手し弾圧体制をつよめていきました。

**秋水赤旗事件に起つ**

こうして圧制が反抗を生み、ついにはテロリズムの思想をも生み出し、これに対してまたやみくもに反応して圧制はより苛烈になる、という呪うべき事態が進行しました。その一つの帰結として起こったのが赤旗事件だったのです（一九〇八年六月二二日）。

秋水はこの事件を土佐の中村で聞きます。病弱の身体をいたわりつつクロポトキン『麵麭《パン》の略取』の翻訳に従事していましたが、これを仕上げるや訳稿をたずさえ、上京の途につきます。

あの無体な弾圧に怖れをなすべきところ、彼はいっそう激しく抵抗し復讐《ふくしゅう》しようとします。上京の途次彼は和歌山県新宮《しんぐう》にたち寄り大石誠之助らと復讐戦の相談をしました。ついで箱根の林泉寺に内山愚童を訪《おとな》い同様の相談をします。相談を受けた彼らはのちに大逆事件にひっかけられて処刑されることになります。

幸徳の復讐戦の構想とは、今後何年間か準備して決死の士を五〇人くらい募り、機会を得て爆裂弾をもって諸官省を焼き払い、富豪の財物を掠奪《りゃくだつ》して貧民に与え、さらに余力があれば皇居に侵入して皇室に危害を加える、というものでした。

こんなことは少なくとも当面は事実上不可能ですから幸徳がいくらしゃべっても一場の座談として煙のように消えていくしかないものでした。（しかし上京して幸徳宅でこの話を聞いた者は処刑されることになります。）

幸徳は堺、山川、大杉、荒畑といった主力メンバーをもぎとられ、「伝道」しようにも出版・結社の自由をうばわれ、「直接行動」といっても労働組合組織さえ存在せず、右の復讐戦も実行不可能という孤立無援の中にいるしかありませんでした。

もしこの状況でなお「実行」の可能性があるとすれば唯一《ゆいいつ》、極秘裡《ごくひり》に、極《ごく》少数でできるテロリズムでした。

ちょうどそうした状況が一人のテロリストを誕生させます。幸徳の思想をアナキズム＝反天皇制、テロリズム＝爆裂弾の二点に限って受けとめ、明治天皇暗殺を決意した機械職工宮下太吉《たきち》がその人でした（一九〇八年一一月）。

明治天皇暗殺をめざした現実的な大逆事件はこの宮下の動きとともにはじまったのです。宮下は上京して秋水にこの決意を語り（一九〇九年二月）、爆裂弾作りにとりくみ、着々と試作の成功に向かって進んで行きます。

## 言論弾圧の極みに

〇九年（明42）四月、幸徳と管野すがは雑誌『自由思想』を創刊してなんとか言論による「伝道」をしようと試みました。当局に届け出たうえで、編集・校正・製版を終え、さあ印刷という時に神田警察署長から印刷所に通知が入りました。印刷が終わり発行所に引きわたした時点で一枚残らず差し押さえるから協力せよ、と。こうして創刊号は生まれ出る前に扼殺《やくさつ》されました。

不屈の二人は翌五月二五日、今度は当局の警戒網をくぐって『自由思想』第一号を発行しました。新聞紙半分の大きさのたった四ページの〝雑誌〟です。次に掲げるのは幸徳秋水の「発刊の序」です。

一切の迷信を破却《はきやく》せよ、一切の陋習《ろうしゅう》を放擲《ほうてき》せよ、一切の世俗的伝説的圧制を脱却せよ、而《しか》して極めて大胆聡明《そうめい》に、汝《なんじ》の信仰、汝の生活、汝の行動が、果して自己良心の論理と宇宙の理義とに合《がっ》せるや否《いな》やを思索せよ。

如此《かくのごとく》にして得たるの結果は、英語の所謂《いわゆる》フリーソート也《なり》、吾人《ごじん》は訳するに、自由思想の文字を以《もっ》てす。

嗚呼《ああ》乾坤《けんこん》自由なきこと久し、吾人は言論の自由なし、吾人は集会の自由なし、政治の自由なし、信仰の自由なし、恋愛の自由すらも未だ之《こ》れあらず、甚《はなは》だしきは即ち労働の自由、衣食の自由、生存の自由すらも之れ無きに非ずや、愛々たる五千万、唯だ罪人と囚われ、奴隷と役《えき》せられ、牛馬と鞭《むち》うたるゝのみ、惨なる哉《かな》、這個《しゃこ》の生涯、人類に取《とり》て何《なん》の価値ぞ。

怪しむ勿《なか》れ、自由の思想なき処、何《なん》ぞ自由の行動あることを得ん、人間自由の行動に依《より》て社会の幸福を来《きた》さんと希《ねが》う、先ず自由の思想に向って民衆の進歩を求めざる可《べか》らず。

幸徳秋水と管野すが（1909年6月ころ）
秋水は右手の新聞によって不屈の思想的立場を表明．（写真は増田三郎氏蔵）

然《しか》り、神乎、信ず可し、国家乎、愛す可し、政府乎、重んず可し、法律乎、服す可し、而《しか》も是れ決して外部の強権の為めに強いらるゝにあらずして一《いっ》に自己良心の論理と宇宙の理義とに合するを待《まち》て後《の》ち為《な》さしめば、初めて囚人、奴隷、牛馬たるを免れて、真個《しんこ》自由の人たるに庶幾《ちか》し。

今や吾人《ごじん》は切に大胆聡明なる自由思想を要求す。

この格調高い名文の中にわれわれは、例えば、天皇の神格という迷信や天皇制権力という圧制からの脱却の呼びかけを、民主主義的自由を求める絶叫を聴きとることができます。この雑誌は若い同志たちの協力を得て二〇〇〇部も発送したところで差し押えられました。以来幸徳宅は刑事四人ずつによる二四時間看視体制下におかれます。そのうち紅白の幕を張ってそこから看視するというこっけいな光景まであらわれます。幸徳・管野はこの厳戒下でなんと第二号も出す（六月一〇日）のですが、ここで力尽きます。

## 「大逆」へ現実が動く

幸徳（そして管野）への言論弾圧がこうしてきわまったころ、その残忍さはこっけいさに転じるほどになったちょうどそのころ、宮下太吉は爆裂薬の製法をつきとめて上京します。長野県明科《あかしな》への転勤の途次、幸徳・管野を訪れたのです。

宮下はこれから完成するであろう爆裂弾を使って明治天皇を暗殺しようと思う、との決意を述べました。万策尽きた秋水の前に、かなり現実的なかたちで爆裂弾が登場したのですから秋水は強く心を動かされ、宮下の計画に支持を表明します。管野はもちろんのります。

ただし秋水と太吉の間に、そのときは表面化していませんが、非常にくっきりとした一線が画されていました。

当時の秋水の「実行計画」は前述の復讐戦の構想のように爆裂弾を用いた革命的騒擾《そうじょう》を起こすことであり、その一環としてのみ天皇暗殺は位置づけられていました。（ただし自分が直接かかわらぬかたちで誰かが天皇暗殺を行なおうとするなら、それは願わしいことだ、と考えていましたが。）

これに対して宮下には爆裂弾による天皇暗殺しかありませんでした。

秋水は自分の計画の中に宮下を取りこむことを考え、宮下の計画を支持したのです。管野も秋水と同じように考えたようです。

七月一五日管野は『自由思想』第一号、二号のことで病床から拘引され投獄されます。炎熱の日々を獄中にすごし、罰金四〇〇円を背負わされて釈放されるのが九月一日。

幸徳、管野、新村忠雄《にいむらただお》（紀州新宮から幸徳のもとに帰ってきた）の三人の憤懣《ふんまん》は極点に達しました。三人は宮下の天皇暗殺計画を実行するのと時を同じくして前述の革命的騒擾を起こす、という計画を話し合います。管野と新村は古河力作《ふるかわりきさく》をも計画にひき入れました。しかし「革命的騒擾」を起こせるような社会的条件は当時なかったのですから、実現の可能性があるのは宮下の計画だけでした。現実はそのように進行します。

一一月三日（明治天皇の誕生日）に宮下は明科《あかしな》の大足《おおたり》山中で、試作した爆裂弾を投じ、その爆発の威力におどろきます。

管野、新村は宮下の計画だけを実行するのでもよいとの考えに傾き、その線で計画をすすめます。宮下だけでなく管野も新村も今やテロリストとなっています（そのうしろをついてゆく古河も）。

単なるテロリストに堕してしまうことのできない幸徳は計画に対し距離をおくようになり、ついに湯河原の天野屋《あまのや》に退いてしまいます（一〇年三月）。そしてそこで凄絶《せいぜつ》な天皇制批判の書（ただし徹頭徹尾隠喩《いんゆ》で書かれた）「基督《キリスト》抹殺論」を執筆します。

一九一〇年（明43）五月二五日、宮下太吉が爆発物取締罰則違反容疑で松本署に連行されました。五月三一日宮下らの隠謀は「大逆」事件として起訴され、翌六月一日幸徳秋水も湯河原で逮捕されました。「基督抹殺論」はあと、一四、五枚を残すところまで書かれていました。

事件のその後のことについては諸書に書かれているとおりです。

**啄木の俊敏さ**

啄木にもどります。宮下らの計画がひそかに進行していた一九〇九年（明42）一二月一六日の『東京毎日新聞』に啄木の詩「事ありげな春の夕暮」が載りました。その一節を引きます。

何か事ありげな――
春の夕暮の町を圧する
重く淀《よど》んだ空気の不安。
仕事が手につかぬ一日が暮れて、
何《なに》に疲れたとも知れぬ疲《つかれ》がある。

詩人の鋭敏な神経は時代の空気の底にひそむものをキャッチしているかのようです。管野ら四人が隠謀を進め、幸徳がそれから離れつつあったちょうどそのころ、啄木は秋水が精魂こめて訳出したクロポトキン『麺麭《パン》の略取』を入手し、読み、これと思想上の格闘をしています。

さて六月一日の幸徳逮捕は遅くとも翌日には啄木も知っていたわけですが、それ以後の啄木の動きが俊敏でした。彼は東京朝日新聞社の編集局内にいたので、事件に関してとびかう真偽入りまじりの諸情報をキャッチしていたと思われますが、そのレベルにとどまろうとしませんでした。

彼はさっそく事件を思想的レベルで捉《とら》えようとしたのです。その月の上旬に久津見蕨村《くつみけっそん》『無政府主義』を研究しています。執筆中だった小説「我等の一団と彼」の中にさっそくその影響があらわれています。同じころ幸徳秋水の思想がその帰朝後の変化もふくめてもっともよく表われている『平民主義』（幸徳著）を研究し、前掲『麵麭《パン》の略取』と一九〇三年（明36）にすでに読んだ煙山専太郎《けむやませんたろう》『近世無政府主義』を再読しています。この六、七月啄木は歌も詩もほとんど作らず、小説「我等の一団と彼」の執筆も中断し、手紙はほとんど書かず（現存するのは一通）、日記もつけていません。幸徳秋水『廿世紀之怪物《にじっせいきのかいぶつ》帝国主義』『社会主義神髄』もこのころ読んでいた公算が大きいでしょう。こうして啄木は事件の詳細はまったく分からぬ時点にありながら、事件の思想的核心に一気にふれてしまうのです。

この六、七月中に啄木は評論「所謂《いわゆる》今度の事」を執筆します。「大逆」事件であるらしい「所謂今度の事」の背景にある思想・無政府主義が「其《その》理論に於ては」「殆《ほと》んど何等《なんら》の危険な要素を含んでいない事」を読者に知らせようとします。そして無政府主義者が「其《その》実行的方面」においていかなる出方をするかは「其国の政治的、社会的状態」と関係する、と述べて中断します。啄木が真に述べたかったことはこの先にありました。日本の無政府主義者が「今度の事」=「大逆」事件のような出方をしたのは、日本という「国の政治的、社会的状態」と関係している、ということを具体的に述べようとしたのでした。『東京朝日新聞』がこの評論の掲載を危険と判断したために啄木は執筆を中断しました。

## 「時代閉塞の現状」

啄木はその後一ヵ月近く策を練ってこんどは、事件にも無政府主義にもまったくふれず、文学上の自然主義批判の見せかけをとりながら、このたびの事件を生み出した日本という「国の政治的、社会的状態」を批評し告発します。

「我々青年を囲繞《いじょう》する空気は、今やもう少しも流動しなくなった。強権《きょうけん》の勢力は普《あまね》く国内に行亘《ゆきわた》っている。」

「斯《か》くの如き時代閉塞《へいそく》の現状に於て、我々の中の最も急進的な人達が、如何《いか》なる方面に其『自己』を主張しているかは既に読者の知る如くである。実に彼等は、抑えても〳〵抑えきれぬ自己其者の圧迫に堪えかねて、彼等の入れられている箱の最も板の薄い処、若《も》くは空隙《くうげき》（現代社会組織の欠陥）に向って全く盲目的に突進している。」

のである。

「今や我々青年は……遂に其《その》『敵』の存在を意識しなければならぬ時期に到達しているのである。……我々は一斉に起って先ず此時代閉塞の現状に宣戦しなければならぬ。」

以上のわずかな引用からだけでも、啄木が、このたびの事件を生み出したのは「時代閉塞の現状」なのであり、その現状の究極の責任者は「強権」である、と鋭く糾弾《きゆうだん》しているのを読みとれるでしょう。

これは「大逆」事件でつかまり取調べを受けている人たち（とくに幸徳秋水）への弁護にもなっています。「所謂今度の事《いわゆる》」「時代閉塞の現状」には幸徳秋水『平民主義』の影響が随所に見られますが、とくに「時代閉塞の現状」の方には『平民主義』のエッセンスそのものが流れこんでいます。われわれがすでに見たように幸徳秋水が全身全霊をかけて闘っているのは、まさに時代閉塞の現状そのものなのです。

啄木は以上のような認識の上にたって掲出歌を詠んだのでした。「雄々しくも死を恐れざる人」とは幸徳秋水のことです。

一九一一年（明44）一月二四日幸徳秋水以下一一名絞首刑。翌二五日管野すがも。

# 韓国併合

地図《ちず》の上朝鮮国《てうせんこく》にくろぐろと墨《すみ》をぬりつゝ秋風を聴く

この名高い歌は一九一〇年（明43）九月九日夜につくられました。そして『創作』の一〇月短歌号に「九月の夜の不平」と題された三四首中の一首として載りました。しかし『一握の砂』には収められていません。

**〝新版図〟朝鮮**

「地図」は作歌時期および歌の内容等からして特定できます。この年の八月三〇日『東京朝日新聞』第三面に掲載のものです。この面にかなり大きな地図が二つ載っています。

「(右)大日本帝国の全版図《はんと》」「(左)新版図朝鮮」とあります。見開きの右半面である第二面のちょうど同じ位置（紙面中央）に「韓国併合詔書《しょうしょ》」があります。このおぞましい詔書は「朕《ちん》東洋の平和を永遠に維持し帝国の安全を将来に保障するの必要なるを念《おも》い……韓国を帝国の保護の下《もと》に置き以《もっ》て……平和を確保せむことを期せり」ではじまり「朕は特に朝鮮総督を置き之《これ》をして朕の命を承けて陸海軍を統率し」云々でおわり、あとに「御命御璽《ぎょめいぎょじ》」そして「明治四十三年八月二十九日」の日付、八人の大臣の署名があります。この詔書をとりまく第二面のほとんどすべての記事は併合関係のものです。

反対側である三面も前述の地図のまわりすべてが併合関係記事です。とくに地図の上に「韓国併合条約」（二十九日公布条約第四号）の全文が載っています。第一条はこういう条文です。「韓国皇帝陛下は韓国全部に関する一切の統治権を完全且《かつ》永久に日本《にほん》国皇帝陛下に譲与す。」　最終の第八条「本条約は日本国皇帝陛下及韓国皇帝陛下の裁可を経たるものにして公布の日より之を施行《しこう》す」。つまり公布の日は昨日二九日ですから、昨日から朝鮮国は名実ともに日本の植民地となり、それが三〇日の新聞で報道されたということです。当時『東京朝日新聞』の第一面は広告ページですから、第二面についで第三面に重要記事が載りましたが、これらが韓国併合一色に塗りつぶされていて前述の地図もある、というわけです。

さてここで歌の中の「朝鮮国」について見ておきましょう。「朝鮮」とは「朝日が鮮明なところ」を意味する美しい呼称で李氏王朝五百余年間国名として使われていました（一三九二～一八九七年）。

一八六八年（明1）江戸幕府を倒して成立した新政権のもと日本では近代化政策が進められ、一八八六年ごろから産業革命期に入ったことすでに見てきたとおりですが、この若い日本は、欧米列強が黒船以来日本を侵してきたやり方で朝鮮を侵していこうとしました。朝鮮の宗主国清と帝国主義のロシアとそして日本が、朝鮮をめぐって角逐《かくちく》します。日本は日清戦争（一八九四～九五年）を経て清国を朝鮮から追い出し、独占的地位を築こうとしますが、ロシアが深く朝鮮に入りこんでこようとします。日本の朝鮮侵略は思うにまかせません。

一八九七年一〇月朝鮮国王の高宗は、「皇帝」を称することにし、国号を大韓帝国（韓国）と改めました。中国皇帝、日本皇帝、ロシア皇帝ら各国の君主と同格の独立国の元首であることを表明したのです。そして高宗皇帝とその政府は日本とロシアが韓国をめぐって対立緊張してきたとき、戦時局外中立を宣言します（一九〇四年一月二一日）。

## 亡国条約と韓国の抵抗

しかし日露戦争がはじまるや（一九〇四年二月一〇日）、日本はこれまでのような顧慮（とくにロシアへの）を捨て、日露戦争に用いる武力の一部を韓国政府制圧のために用い、二月二三日日韓議定書《ぎていしょ》を結ばせます。調印に反対した大臣は日本軍に拉致《らち》されたり解任されたりしました。

第一条「……大韓帝国政府は大日本帝国政府を確信し施政の改善に関し其忠告を容るること」は内政干渉の権利を日本が確保したことを意味します。第四条では日本軍隊の駐留権・土地収用権を確保し、第五条ではこの議定書の「主意に違反すべき協約を第三国との間に訂立することを得ざること」として韓国の外交権に重大な制約を加えました。「外交権は、国家が国際法上の権利能力、法的人格を有することを示す最大の主権であるから、外交権を失えば、その他の主権を保持していようとも、その国家は国際法上の主体ではなくな」るのです（海野福寿『韓国併合』）。

こうして韓国は日露戦争がはじまるや否や亡国の淵《ふち》に向かって強く押し出されたのです。韓国内に強い抵抗が起きたのは当然です。枢密院議長伊藤博文が天皇の名代として韓国を訪れ、皇帝・政府・人民を威嚇します（三月）。

五月、日本政府は韓国の軍事・外交・財政・交通・通信・産業各方面の支配計画を決定しました（「対韓施設綱領」）。以後の六年間はこの計画が実行に移されていく過程です。八月二二日、第一次日韓協約調印。日本政府の推薦する財政顧問と外交顧問とをおかせることとします。日露戦争での勝利がつづくなか、日本は韓国に対する保護権設定の国際的な（ということは帝国主義列強間の）合意をとりつけるべく動き、イギリス・アメリカの承認を得ます。ポーツマスでの日露講和条約（一九〇五年九月）においてロシアの承認をも得ます。以後帝国主義列強は韓国を日本の蹂躙《じゅうりん》にまかせます。

一九〇五年（明38）一一月一八日、第二次日韓協約が結ばれます。この協約によって韓国の外交権を完全に剝奪《はくだつ》してしまいました。そしてこの協約にもとづいて統監府《とうかんふ》を置くことになりました（〇六年二月開庁）。韓国の内政全般を支配していくための機構です（初代統監には伊藤博文がなります）。

この亡国条約締結にあたって韓国側は激しく抵抗しました。これを排除し締結を主導・強行したのが伊藤博文です。

一一月九日漢城（ソウル）に入った伊藤はまず皇帝高宗に協約承認を求め、威嚇します。ついで大臣を伊藤の宿所に招いて協約受諾を求めました。そして一七日には日本の軍隊に市中でデモンストレーションをさせ、御前会議が行なわれている慶福宮内にも日本兵を引きいれました。「銃刀森列スルコト鉄桶《てっとう》ノ如ク、内政府及ビ宮中、日兵亦《ま》タ排立シ、其ノ恐喝ノ気勢、以テ言《ことば》ニ形《あらわ》シ難シ」と『大韓季年史』は記します（前掲『韓国併合』）。伊藤はこの会議で大臣一人ひとりに協約に賛成か反対かと詰問し「賛成」多数をとりつけ、調印を強行しました。一七日真夜中のことでした。

**呂后も顔を赤らめるだろう**

調印の報が伝わるや韓国内は騒然となります。抗議の自殺があいつぎ、王宮に押しかけた群衆は哭《こく》し、そして翌〇六年各地に反日の義兵が蜂起します。

（一九〇六年一月一日の『岩手日報』に載った「古酒新酒」において啄木は「帝闕《ていけつ》の下に蛮政の布かれたる、亡国の惨状を近く隣国に見たる、皆此年に於てなりき」と記しました。「亡国の惨状を近く隣国に見たる」とは第二次日韓協約によって外交権すなわち独立国最大の主権を失い、事実上国が亡びた韓国に関する記述です。亡ぼした大日本帝国の側への直接批判の目はまだないにしても、「惨状（むごたらしい様子）」の二文字には韓国の側の人々への同情とともに亡ぼした側の惨忍さへの間接的・感覚的な批判がすでにあります。）

一九〇七年、伊藤はハーグ密使事件を好機ととらえて、高宗を譲位させ純宗を皇帝にします。そして七月二四日第三次日韓協約を押しつけました。もう交渉なしです。この条約で日本は、大韓帝国という国名は残しますが、韓国の内政権を完全に剝奪します。ついで韓国の軍隊を解散します。警察も合併します。経済的侵略も前述の「対韓施設綱領」（一九〇四年）以後着々と進んでいます。鉄道の敷設《ふせつ》・管理、通信機関の統一、漁業権・鉱業権の獲得、森林の国有化、日本人の土地所有権の承認等々、枚挙にいとまなし、です。

一国の生命を順を追い、計画的に暴力的に奪って行き、ついに死なせてしまう日本帝国主義の残虐なやり方を見ていると、わたくしは司馬遷《しばせん》の『史記』「呂后本紀《りょうこうほんぎ》」の有名なくだりをどうしても連想してしまいます。次の摘記《てっき》をごらんください。

《漢の高祖は糟糠《そうこう》の妻呂后との間に生まれた男子を太子としていた。しかし戚姫《せきき》を手に入れこれを寵愛《ちょうあい》し、間に男子如意《にょい》ができると、今の太子を廃して如意を立てたいと思うようになった。戚姫もそうしてほしいと日夜哀願した。呂后は深くこれを恨んだ。太子はなんとか廃されずにすみ高祖は没した。太子が孝恵帝となり母の呂后が権力を握った。彼女は如意を毒殺しついで戚夫人を殺すことにした。その殺し方はこうであった。

戚夫人の手足を断ち切った。眼の球をくりぬいた。耳をくすべて聞こえなくした。薬をのませて口をきけなくした。そうして厠《かわや》にこれをおき「人彘《じんてい》（ひとぶた）」と名づけた。数日後呂后は息子の孝恵帝を召してまだ生きている「人彘」を見せた。》

日本帝国主義の一国の亡ぼし方を知ったなら、さすがの呂后も顔を赤らめて、わたしのなんか小さい、小さいということでしょう。

**韓国人の闘い**
**と日本人**

韓国の人たちは第二次日韓協約反対の義兵を各地ですでに起こしていましたが（一九〇六年五月以降）、〇七年の皇帝譲位、軍隊解散（八月一日）を契機として義兵闘争が全国的に爆発しました。一九〇七年八月から〇九年末までの間に義兵と日本軍の衝突は二八七二回、これに加わった者の数約一四万人、死者一万七五六三人（日本側死者一二九人）といわれます。日露戦争に勝ったほどの日本軍の武力がいかに圧倒的であったか、それにもかかわらず韓国の人たちの抵抗がどれほど激しかったかを右の数字は示しています。

一九〇九年（明42）一〇月二六日、伊藤博文はハルビン駅頭で韓国人アン・ジュングン（安重根）に射殺されます。

（啄木は当時『岩手日報』に「百回通信」と題して記事を送っていましたが、伊藤暗殺の報には大変衝撃を受け、三回もつづけて記事を書きます。その通信には深い哀悼の念と伊藤の政治家としての生涯への尊敬の念とがこめられています。そのような行文の中にしかし次のような一文も表われます。

而《しか》して韓人の心事また愍《あわ》れむべきかな。

啄木はアン・ジュングンに対して憎しみをなんら表明しません。それどころかアンが伊藤暗殺にいたるまでに心に思ったであろうことを推しはかり同情しているのです。虐げられた者の側に立ってみることを忘れない啄木のありようは重要です。

ちなみに言い添えますが、わたくしは大逆事件の場合もこの韓国併合の場合も、弾圧される側（幸徳秋水・韓国人の側）から権力の側（山県有朋《やまがたありとも》・伊藤博文）を見て叙述していきます。しかし伊藤・山県という日本近代の創出に大きく深くかかわった人物をこの側面からのみ評価することなどもちろんできません。今はこの一つの側面から見ているのです。）

さて韓国植民地化の仕上げとしての韓国併合が一九一〇年（明43）八月二九日になされたことはさきに見たとおりです。この日をもって「韓国」という国の名は地球上から消えました。そしてこの〝新版図〟の国称を改めて、「朝鮮」とすることになります。三〇日の『東京朝日新聞』の第二面と三面についてはさきにふれましたが、今度は同じ日の一面を見てみましょう。トップ三段抜きの丸善の広告は二冊の朝鮮語関係図書に関するもので、ここに引くのは八行からなる広告文のはじめの三行半です。

「朝鮮に行け、朝鮮に行け、朝鮮は最早《もはや》外国に非ざる也、未拓の美田、未知の天産、到る処に埋もれたる国富は有為なる日本人諸君の来《きた》るを待てり、朝鮮は閉ざゝれたる宝庫也、今や此宝庫の富は諸君に提供せられて諸君の腕次第割取《かっしゅ》するに任す……」

これが一書店の広告です。

もう一つ同じ日の第七面にゼム（口中清涼剤）の広告があります。二段抜きの大きなものです。

「二千年来の懸案解決して　喜ぶべし今や日韓合併！　提灯《ちょうちん》行列＝祝賀会大いに騒いで大いに飲み　この慶事を記念せよ　ナンボ飲んでも食っても『ゼム』さえあれば大丈夫」

この二つのえげつない、品のない広告によって当時の日本の雰囲気は推《お》して知るべし。

## 批判しえた日本人

国民レベルではこんなところだったとしてたとえば文学者はどうであったか。これがまったくだめでした。皆沈黙です。まさか抗議の沈黙ではありますまい。ほとんどは無感覚のなせるわざでしょう。漱石も鷗外も荷風もだめでした（漱石など前年に書いた旅行記「満韓ところぐ〳〵」によってその蔑視・差別感覚が今も批判されています）。

日韓議定書前後以来の、韓国併合の過程でこれを公然と批判した者は日本国内にいなかったのか。わずかですが管見に入ってきました。何人かの社会主義者です。

まず木下尚江《なおえ》。「敬愛なる朝鮮」（週刊『平民新聞』一九〇四年六月一九日）、「朝鮮の復活期」（『新紀元』第三号、〇六年一月一〇日）、「是《こ》れ国家の目的」（『新生活』第三号、〇八年三月五日）等々の筆者です。木下はそれらの文章において、朝鮮人に高い敬意をはらい、あつい同情を寄せ、その反抗を支持し、朝鮮人の側に立って日本帝国主義の朝鮮侵略を痛撃しました。卓絶した批判でありました。

木下とともにつぎのような人々がいました。

山口義三《よしぞう》（孤剣）。『破帝国主義論』という著書（〇三年一二月五日）の中で、日韓議定書以前に、早くも鋭い批判を行なっています。

大石誠之助。「文明の強売《おしうり》（断じて不正なり）」（週刊『平民新聞』〇四年四月三日）

西川光次郎。「朝鮮を憐れむ」（『光』〇五年一二月五日）など。

田添鉄二《たぞえてつじ》。「世界平和の進化(一)」（『新紀元』第三号、〇六年一月一〇日）など。

小野有香《ゆうこう》。詩「あゝ韓国」（『新紀元』第四号、〇六年二月一〇日）。

このほかに筆者不明のものが社会主義者の諸機関紙誌に載っています。

また〇七年（明40）七月二一日に東京にいる社会主義者有志が、朝鮮問題に関する決議を行ない、その批判的立場をあきらかにしました。

しかし韓国併合詔書が新聞に出た一九一〇年（明43）八月三〇日のころ、右に掲げた人たちは次のような状況にありました。

木下尚江はすでに社会主義運動から身を退《ひ》いていました。山口義三はたび重なる弾圧で〇六年三月以来三度目の獄中生活を送り、一月三日に出獄。間もなく大逆事件の発覚があったので逼塞《ひっそく》しているほかありませんでした。大石誠之助は大逆事件で勾留され厳重な取り調べの最中《さなか》にありました。西川光次郎は四度目の獄中生活を終えて七月二六日に出獄したばかりでした。彼はすでに社会主義運動からの転向を決意していました。田添鉄二は〇八年三月に亡くなっていました。小野有香は女学校の先生になりもう社会主義詩は書かなくなっていました。朝鮮問題に関する決議をした在京社会主義者有志の一人と思われる幸徳秋水はいうまでもなく獄中です。同じく有志の一人と思われる山川均は赤旗事件の刑期を終えて八月二九日に釈放されたばかり。これも有志の一人と思われる堺利彦はまだ獄中にありました。

前の節とこの節とで見てきたように政府は反対者に対し――それが日本国民であれ他国民であれ――狂気じみた弾圧を行なってその口を封じようとしました。

その弾圧が極点に達したちょうどそのころ、石川啄木は『東京朝日新聞』の第三面の二つの地図を見つめていました。「(右)」の地図は中国大陸の一部をふくむ極東の地図で、そのうち南樺太《からふと》、千島、日本列島、台湾そして〝新版図〟朝鮮を黒く刷ってきわだたせてあり、その黒刷りの全体が二九日に成立した「大日本帝国の全版図」です。

そして左に、朝鮮の地図が別に刷られています。縦一五センチ・横八・六センチというかなり大きな枠がもちいられています。地図には北は咸鏡北道から南は全羅南道までの一三の地方行政区画(＝道)と各区画の地名、一五の主要都市名、釜山―新義州間の鉄道が記されています。

啄木は右側の真っ黒に刷られた朝鮮の地図を見、左側の大きな(ほぼはがき大の枠内にある)朝鮮国の地図を見ているうちに筆をとりあげました。それは八月三〇日のことと考えられます。啄木のことですから、入りくんだ朝鮮の海岸線をも丹念になぞり、白地と道名と都市名を一つ一つ塗りつぶしていったと思われます。

## ひとり墨を塗る

朝鮮という固有の国、固有の地名、そこに「くろぐろと墨をぬ」るということは、国そのものもそれらの地名も抹殺され、すべて日本の国、日本の地名(たとえ字面《じづら》は同じであっても)の一部となってしまうということを悼むための象徴的行為です。

虐げられた者への、亡国の人民への篤い同情をもつ啄木、見えない事実をもほうふつとして想像できる詩人・啄木は朝鮮の人々の今とこれからの苦しみや悲しみをなまなましく思い描きつつ、墨をぬっていったことでしょう。

やがて真っ黒の朝鮮国地図が現われます。墨の下にぬりこめられてあるのは「大日本帝国」の暴圧の下に生じた植民地地獄。これを心の目で見ている啄木の弓町《ゆみちょう》の家の屋根の上を窓の外を「秋風」が吹いています。

さきに見たように日本国中お祭り気分で浮かれている中、一人このように哀悼した啄木は、九月九日夜、これを掲出歌として形象化しました。そして誰も抗議の声をあげない（ごく少数のみがあげえない）日本の中でただ一人啄木はこの歌を『創作』誌上に発表したのです。

この歌がつくられてから約三六年ののち、一七歳の碓田《うすだ》のぼる氏は石炭増産隊に応募して厳寒の北海道空知《そらち》郡美流渡《みると》に入りました（一九四六年〔昭21〕一月）。以下に碓田氏の文を引きます。一隊の入った「炭坑長屋は、四ヵ月ほど前まで、強制連行されてきた朝鮮人労働者が生活をしていたところである。ひどい部屋であった。腰高の位置にベニヤ板をまわしてあるが、それは、汗と脂と朝鮮文字の落書で真っ黒であった」。ある日「私は真っ黒なベニヤ板と向かい合いながら、何となくぼんやりとして、妙な形の朝鮮文字の落書を見回していた。すると、その朝鮮文字にぎっしりとはさまれるようにして、小さな小さな日本文字を見つけた。ハッとして読んでみると、啄木の二首の歌であった。

今日もまた胸に痛みあり。
死ぬならば
ふるさとに行きて死なむと思ふ。

地図の上朝鮮国にくろぐろと墨をぬりつゝ秋風を聴く

私は衝撃を受けて飛び起き、その日本文字をまじまじと見つめた」（碓田のぼる・小松健一『石川啄木　光を追う旅』）。

強制連行された知識人と思われるこの炭坑夫がどのような事情と思いを前の一首に託し、そしてあとの一首に託したのか、われわれは想像することができます。

今もなお啄木の作品が韓国の人たちに愛される理由もおのずから明らかです。

# 近代女性のイメージ

# 妻・女教師・看護婦

放たれし女《をんな》のごとく、
わが妻の振舞《ふるま》ふ日なり。
ダリヤを見入る。

**放たれし女**　「放たれし女」を夫によって離縁された女、とする解釈がありますが、それはまちがいでしょう。第一、あとで見るように三行目の「ダリヤ」とあいません。この歌が作られる二年ほど前の一九〇九年（明42）五月に森鷗外は『追儺《ついな》』という作品の中でこう書いています。

「此頃《このごろ》囚《とら》われた、放たれたという語が流行するが、一体小説はこういうものをこういう風に書くべきであるというのは、ひどく囚《とら》われた思想ではあるまいか。僕は僕の夜の思想を以て、小説というものは何をどんな風に書いても好いものだという断案を下す。」

鷗外のこのみごとな「断案」こそ小説に関する「放たれた思想」ということになりましょう。

「放たれし女」とは、束縛から解放されて自由になった女、の意となります。当時の女性にとって束縛の最たるものは最初の章「近代の断片」でも見たように「家」の制度でした。したがって啄木の「放たれし女」にもそれからの解放の意が含まれているのはたしかです。しかしその「女」は「離縁された女」なのではなく、自らの意志で「家」の束縛から解放されて自由になった女、でなくてはなりません。

もっとも当時の女性にとって離婚そのものさえどんなに多くの困難をともなっていたかはやはり最初の章で見たとおりですし、「家」の制度以外にもさまざまの封建的遺制が女性を縛っていました。また啄木の目はヨーロッパの婦人解放運動にも向けられていました。「放たれし女」と啄木が言うとき、イプセン『人形の家』のヒロイン、ノラのような女性をイメージするのがもっとも近いかと思われます。

次に「ダリヤ」にいきます。

### ダリア・漱石・サフラジェット

一九一〇年（明43）一〇月三一日の夏目漱石の日記に次のようなくだりがあります。

「妻が昨夜来る時車屋の菊屋で病院へ行くならと云ってダリヤを呉《く》れた。此ダリヤは丸で菊の様な大きなものである。花弁の乱れた具合も丸で大輪の菊である。色は赤、薄紅、黄等である。何となく下品で菊とは較べられない。梅もどきの傍へ放り込んだら不釣合な事甚しい。」

「神崎さんがダリヤを呉《く》れる。ダリヤは今年に入って非常に発達した様である。大輪の菊の如きもの続々出る。」

このあと俳句を五句記していますがすべて菊の句です。

ダリアは中南米の原産で、一九世紀の初めころからヨーロッパにおいて栽培と品種改良がすすみ天保年間（一八三〇〜四三）には日本に渡来しました。それが漱石の日記にもあるように一九一〇年前後に爆発的に人気が出て大きな品評会も行なわれるようになりました。

菊は一〇〇〇年以上も前に中国から伝わり、日本人に愛されてきましたが、この菊を愛する漱石には、絢爛《けんらん》たる欧風の花ダリアは、違和感、というより嫌悪感をいだかせたようです。

同じダリアに啄木は新時代の女性、「放たれし女」のイメージを見ています。

この対照性は別のレベルでの二人の対照性に通じているように思われます。

イギリスにおける婦人参政権運動は、一八四〇年代からの約二〇年間の準備期を経て、一八六〇年代から本格化します。しかしその後約四〇年間にわたるねばり強い運動にもかかわらず男どもは参政権を認めません。一九〇五年になって新しい指導者、新しい運動組織が現われます。エメリン・パンカーストに率いられる女性社会政治同盟です。この組織は「戦闘的方法」をとって運動しました。この参政権運動者はサフラジェットと呼ばれます。

漱石はサフラジェットの行動について次のようにいいました。

「嫁に行かれないとか、職業が見付からないとか、又は昔しから養成された、女を尊敬するという気風に付け込むのか、何しろあれは英国人の平生の態度ではないようです。名画を破る、監獄で絶食して獄丁《ごくてい》を困らせる、議会のベンチへ身体《からだ》を縛り付けて置いて、わざ〳〵騒々しく叫び立てる。是《これ》は意外の現象ですが、ことによると女は何をしても男の方で遠慮するから構わないという意味で遣《や》っているのかも分かりません。」（「私の個人主義」

一九一四年）

## 啄木のフェミニズム

啄木はサフラジェットの激烈な行動を、漱石のように理解を超えたものとして非難する態度をとりませんでした。そうではなくその行動に「時代の急激なる推移を見る」べきであるといいました。そしてさらにサフラジェットの行動の中にも、これとくらべるとまことに微弱な日本のフェミニズムの動きの中にも、共通の「深き根拠」を洞察しています。そこには「婦人も亦《また》男子と共に同じ人間なりちょう（という）自明の理の意識」（圏点―引用者）がある、というのです（「新時代の婦人」一九〇八年）。

一九歳年のちがう二人の間にはフェミニズム運動の最先端の動きに対した場合、これほども大きな認識の相違がありました。ダリアを好むか否か、賞《め》でるか賞でぬかは趣味の問題でもありますが、サフラジェットを非難した漱石がダリアをきらい、サフラジェットを理解した啄木が「ダリヤを見入る」のは、なかなか味のある対照性です。

掲出歌の解釈はこんな風になりましょうか。「放たれし女」は「フェミニスト」と意訳できそうですがさきのとおりに訳します。

〈家その他の束縛から解放されて自由になった女であるかのように、わたしの妻がふる

まう日である。わたしはそのふるまいとイメージを重ねつつ、今大流行の洋花・ダリアを見いることである。〉

さて夫によってこんな風に詠《よ》まれた、妻節子とはどんな人物だったのか。節子伝は何冊も出ていますからくわしいことはそちらにまかせ、ここでは一つの特質だけを指摘しておきます。

彼女は啄木と同年（一八八六年〈明19〉）の一〇月に生まれました（啄木は二月）。二人が知り合ったのはかぞえ年で一四歳の時（今の中学一年生くらい）でした。彼女はしだいに深く少年石川一《はじめ》の文学的天才を信ずるようになり、恋人石川一の天才実現のために内助の功を尽くすこと、これに自分の使命・生きがいを見出しました。

二人がどんなに甘い夢を見たか、啄木の日記（一九〇二年一一月三〇日）の次の箇所が教えてくれます。

「恋人（節子）は云《い》う、……狭き亜細亜《アジア》の道を越えて立たん曠世《こうせい》の（世にまたとない）詩才、君ならずして誰《た》が手にかあらんや。妾《わらわ》も君成功の凱旋《がいせん》の日は、成功に驕《おご》る手か失敗にわなゝく指かして祝いの歌奏《かな》でん。」

少年少女は満一六歳でした。

さて節子は父母をはじめ誰のいうことにも動かされず、自分が考えたことをもとに、自分が望む方向を定め、その道を一直線に進みます。父が外出を禁止しても恋人との連絡はとりました。そのうちに身体も許し合い、婚約し、結婚にこぎつけました。有名な花婿《むこ》のいない結婚式をめぐって、啄木と別れることを善意から熱心に勧めてくれた人々の忠告をも断固としてはねつけました。

また結婚して四年余を経た一九〇九年（明42）秋には娘京子をつれて突如盛岡の実家に帰ってしまい、啄木を心底からあわてさせたりもしました。一一年の六月上旬にも実家に行ってくる、いやならぬで二人は大もめにもめました。この時も啄木は妻がもうもどって来ないのではないか、と思い恐怖したようです。しかもこの二度のもめごとには啄木の函館時代以来の親友宮崎郁雨《いくう》が介在していました。〇八年（明41）四月末から翌年六月まで妻子老母を郁雨にあずけ、啄木自身は文学上の悩みでヤケになって東京生活を送っていたころ、函館にいた節子と郁雨の間に恋愛感情が生じたようです。節子の実家に行こうとする気持には二度とも郁雨への慕情が微妙にないまぜられており、そのことを啄木もまた察知していました。

## 節子の自律性

節子という女性はけなげで献身的な女性でありましたが、本質的には情熱的で、自己の心と思いに忠実な人でした。愛したなら、思ったなら、考えたなら、納得を求めて動こうとする激しさをもった人でした。

ひとことでいうなら自律的な女性でありました。この点で近代女性とよばれるにふさわしい人です。ただこの自律性は自己の個性の実現のためには役立ちませんでした。妻・母・嫁の三役をこなす「家」という舞台しか彼女には用意されていなかったからです。もっともそれは彼女自らが十代半ばに選びとった場ではあります。彼女の強烈な自律性にもとづいて選びとられた場が今その自律性を締めつける枠と化している、ともいえましょう。現実の節子は「放たれし女」ではありませんでしたが、家庭という枠の中にあって「放たれ」たくて身じろぎする女でありました。

二〇世紀初め（明治末）の日本にはすでにこういう女性たちがたくさんいたであろうと思われます。女性文芸同人誌『青鞜《せいとう》』の創刊（一九一一年〔明44〕九月）とこれに向かって結集してきたたくさんの「新しい女」たちという事実がそれを物語っています。彼女たちは当時の女性の中ではすばぬけて高い学歴の持主でした。しかしそのような条件に恵まれていない場合でも、時代は女性の社会的進出、経済的自立を可能にする道を用意しはじめていました。そのもっとも代表的な道は小学校教師または看護婦になる道でした。

啄木はこの二つの職業についた女性たちをどのようにうたっているか、次に見ていきましょう。

わが庭の白き躑躅《つつじ》を
薄月《うすづき》の夜《よ》に
折りゆきしことな忘れそ

## 小学女教師

「な忘れそ」（忘れないで下さいね）と呼びかけられているのは上野《うわの》さめ子という小学校教師です。彼女は岩手県雫《しずく》石《いし》村の出身で一九〇四年（明37）岩手師範学校女子部を卒業し、渋民尋常小学校に赴任しました。そのころ啄木は最初の上京そして敗北の帰郷（一九〇三年二月末）の後の一年余を経ており、この間に詩人として再起、「年少天才詩人」とも評されていました。そして健康状態も快方に向かっていました。上野さめ子は五十数年ののちこう語っています。

「当時石川さんは最初の上京で病を得、病軀《びょうく》を養うために故山《こざん》で遊んで居られたのですが、病気も快方に向いつつあり再度の上京に期待をかけ、毎日をのんびりと過していられた時なので、退屈すれば学校に遊びに来られました。殆《ほと》んど毎日の様にやって来て讃美歌のおけいこや、将来の大きな夢、又東京での活躍ぶり等に話が及び、更に詩の話になると右肩を上げて雄弁を振い出すのが常でした。外国の有名な文学者、マキシムゴルキー、ハイネ、ニイチェ、ワグナーなど〳〵多くの詩人のお話でした……」

上野《うわの》さめ子という女性は、啄木が当時最先端の文学的話題をもち出すのをしっかりと受けとめられるほどに高い知性の持主でした。

その年の五月三〇日に書いている小沢恒一宛書簡に「稿紙《こうし》乱堆《らんたい》の中、牡丹《ぼたん》と白躑躅《つつじ》の花瓶の下にこの文《ふみ》認め申候。目を放てば窓前満庭の翠色《すいしょく》、池にのぞめるほうの木の若葉殊更に心も若やぐ趣きに候」とありますから、掲出歌はこの前後の思い出でしょう。

啄木は二年後の〇六年七月三日の夕方から小説「雲は天才である」を執筆します。この小説の中に上野さめ子と覚しき人物が登場します。

「若《も》し此《この》小天地の中に自分の話相手になる人を求むれば、それは実に女教師一人のみだ。芳紀《ほうき》やゝ過ぎて今年正に二十四歳、自分には三歳の姉である。それで未だ独身で、熱心なクリスチアンで、讃美歌が上手で、新教育を享《う》けて居て、思想が先ず健全で、顔は？　顔は毎日見て居るから別段目にも立たないが、頬は桃色で、髪は赤い、目は年に似合わず若々しいが、時々判断力が閃《ひら》めく、尋常科一年の受持であるが、誠に善良なナースである。

で、大抵自分の云う事が解る、理のある所には屹度《きっと》同情する。」

これはもろもろの事実に徴して上野さめ子本人の描写と見てよいようです。

さて、上野さめ子は右の文中にもあるようにクリスチャンでした。

わがために
なやめる魂《たま》をしづめよと
讃美歌うたふ人ありしかな

わが村に
初めてイエス・クリストの道を説《と》きたる
若き女かな

## 新婦人の典型

近代日本におけるキリスト教の浸透は一時反動期を迎え、一九〇一年(明34)からふたたび発展期に入ります。隅谷三喜男氏は発展の原因を産業革命の進行にともなう、都市における中産インテリ層の形成・自我覚醒の進展に見ていますが(『日本の歴史 22』)、上野さめ子もまさにその時期のクリスチャンです。啄木の歌はそうした時代の動きの先端的現象をとらえていることにもなります。

「渋民日記」一〇月初めの条はこの女性への敬意に満ちています。

「予の親愛なる女友上野さめ子女史は、本宮村《もとみや》（現、盛岡市内）に転任になった。四日、告別式をあげた。生徒は皆涙ぐんで居た。予も心に泣いた。送らるる人も涙であった。女史の告別の辞は、実に一言一句涙であった。そして、沈痛なる声に力をこめて、教えて曰《いわ》く、常に読書せよ、我も川崎（現、玉山村大字川崎）の如く寂しき処に居りしなれど、書を読めば心おのずから全世界に拡がる様な心地であった。書を読め、そして自己を大にせよ――と。これは女の言葉である!!」

一九〇六年（明39）の岩手県の寒村にもこういう女性がすでに出現しているのです。啄木はこの「親愛なる女友」の中に新しい女性像を確実にとらえこうつづけます。「女史は二ヶ年半の間、この渋民の小天地に於て、『新婦人』の典型を示してくれた人である。真に立派な、男優《まさ》りな、見識の高い、信仰の厚い人であった。」

「男優り」はここではもっともよい意味でつかわれています。

あはれかの男《をとこ》のごときたましひよ
今は何処《いづこ》に
何を思ふや

啄木がこううたったころ（一九一〇年）彼女はのちに三高教授となる滝浦文弥と結婚したばかりでした。

いつとなく、記憶に残りぬ――
Fといふ看護婦の手の
つめたさなども。

啄木は一九一一年（明44）二月一日に「大学病院」（東京帝国大学医科大学附属医院）で診察を受け「慢性腹膜炎」と診断されました。四日から同病院の青山内科一八号室に入院します。一五日、当時の内科学の権威青山胤通《たねみち》によって病気は非結核性のものと診断され、病室も大部屋の五号室に移されます。今からみるとほぼまちがいなく啄木は結核性腹膜炎だったのですが、当時の医学の水準は青山博士ほどの大医学者をも誤診に導いてしまったようです。啄木は二月一五日午後から三月一五日午後の退院までこの五号室で治療を受けます。

当時「大学病院」では一等室、二等室、三等室の患者はそれぞれ入院費を払っていました。しかし貧しくて入院費を支払えない病人のための入院枠も用意されていました。その入院患者を施療《せりよう》患者といいました。啄木も施療患者で病院の定める縞模様のねまきを着て寝ていたと思われます。

## Fという看護婦

さて、啄木の病院生活から六十数年もたった一九七七年（昭52）九月一八日、『河北新報』に愛らしい看護婦の写真とその関連記事が載りました。写真の主は福井（旧姓）しんさん（すなわち「Fといふ看護婦」）でした。記事を参考にしつつ調べてみるとこんなことがわかりました。

福井しんさんは一八八四年（明17）一〇月一二日生まれで八六年生まれの啄木よりわずかに年上。一九〇四年（明37）一一月に東京帝大医科大学附属医院看病法講習科（のちの東大医学部附属看護学校）に入学しました。一年後には卒業して正規の看護婦になっていたと思われます。福井さんの記憶にしたがうと啄木が彼女に看病してもらったのは一一年の二月四日から一五日の午前までとなります。

さて啄木は二月の前半から数えて約四ヵ月ものちの六月になって掲出歌を作りました。「F」さんが毎朝脈をとりに来てくれたときに感じた手のつめたさがよほど印象的だったのだろう、ということは歌からわかります。でも「F」という固有名詞（のイニシャル）をとり出したということは、手の持主その人の印象もまた「いつとなく、記憶に残」っていることを意味します。わたくしは福井しんさんの愛らしい写真を見たときに、啄木の「記憶に残」ったものが見えた気がしました。

また次の事情も印象に残った理由でしょう。当時「F」さんは午前八時から午後六時まで働きました。しかも看護婦の受けもちは病室ごとにはりつきの当直制でした。「F」さんの記憶にしたがうと青山内科一八号室は「F」さんが受けもっていたことになります。当時の勤務体制は一〇時間労働のほかに二日に一回の宿直もふくんでいて、看護婦は一日おきに受けもちの病室に泊りました。したがって患者たちと看護婦とは親密度が深かったといわれています。

「いつとなく、記憶に残」ったのは脈をとる「F」さんの手のつめさただけではないでしょう。「F」さんの愛らしさも、苛酷な勤務条件にめげぬたくましさも、若いけれどベテランの域に達しつつある仕事ぶりも一緒に思い起こしていたことと想像されます。

脈をとる手のふるひこそ
かなしけれ――
医者に叱られし若き看護婦！

「医者」は啄木が「有馬学士」と呼んでいる人と思われますが、「学士」ですから東大医科大学（現、医学部）を卒業しているのでしょう。エリートです。「看護婦」との関係からすれば〝身分違い〟ともいうべき差がありました。医師は看護婦の「上官」であり、看護婦はその業務・勤務体制はもとより、私的な外出や習い事までがその管理下におかれていました。

## 看護婦への励まし

看護婦がひいては女性が当時の社会においてどんな位置にいたのかを示す事実を紹介しましょう。東大病院が養成した最初の看護婦取締（看護婦長）に大関和《ちか》、鈴木雅子といった逸材がいました（一八九〇年ごろ）。しかし彼女らの氏名は大学病院の書類や名簿に記されていません。玄関番も小使《こづかい》も男の雇員《こいん》（官庁などで、官吏《かんり》〔事務官〕の事務をたすけるために雇われる者）なら固有名詞が記されています。看護婦は人数だけが記されました。この一事に一九世紀末の日本社会に女性がのり出して行くことの困難さがしのばれましょう。

さて一九〇〇年（明33）になって六人の婦長が大学の職員として判任官となり、この年の年報綴《つづり》にはじめて固有名詞で記されました。判任とは、任官の官位としては最下位で、さきにも述べたとおり、上官には医師がいました。この婦長の下の看護婦は職員ではなく雇員でした。そしてその看護婦の中が勤続年数等に応じて、一等看護婦、二等看護婦、三等看護婦に階級化されていました。

さて「若き看護婦」ですが、当時の諸資料によって判断すると、一九〇八年（明41）一〇月に入学し、一一年一一月に卒業した生徒のうちの一人、と推定されます。彼女たちのときの修業年限は三年間と長く、前半の一年半は午前実習午後講義、後半の一年半は実習のみで看護婦の制服・制帽を着け前述の看護婦と同じく一〇時間労働、病室と寮との交互宿泊をやっていました。「若き看護婦」は三等看護婦の下にあったと思われます。

「医者」と「若き看護婦」の間には、好ましいたとえではありませんが「主人と端女《はしため》」の間ほどの身分差があったようです。その「医者」から患者の面前で叱責《しっせき》されたのですから「若き看護婦」はおののき、動転し脈をとるときも手のふるえがとまらないのです。それが啄木の手首に伝わる。啄木は看護婦の心情を思いやって「かなし」と思います。四ヵ月後の記憶であるのに彼の同情は深く、ダッシュ「――」にそれがこめられています。そしてその感情を押し鎮めるかのように三行目を一字下げ、ひと呼吸おいてから「医者に叱られし若き看護婦」と一気に詠みくだし感嘆符「！」を打ちます。「！」に啄木の同情の強さがこめられています。

この一首は、けなげに、懸命に働く若い看護婦の姿を浮き彫りにすると同時に、啄木のやさしい励ましの気持をも浮き上がらせています。

## 橘智恵子

世の中の明るさのみを吸ふごとき
黒き瞳の
今も目にあり

真白《ましろ》なるランプの笠《かさ》の
瑕《きず》のごと
流離《りうり》の記憶消しがたきかな

馬鈴薯《ばれいしょ》の花咲く頃と
なれりけり
君もこの花を好きたまふらむ

『一握《いちあく》の砂《すな》』の「忘れがたき人人　二」の章では、北海道における流離《りゅうり》の日々に出会った数多くの人々をうたっていますが、「忘れがたき人人　二」は橘《たちばな》智恵子という女性一人のために設けられています。全二二首のうちから三首を抜き、掲げてみました。

一首目からは明るくいきいきした性質が、二首目からは純潔の雰囲気が、三首目からは気取りのない清楚《せいそ》な人柄がうかがわれます。

## 橘智恵子の父母

啄木が橘智恵子に会ったのは一九〇七年（明40）六月のことでした。彼は六月一二日から函館区弥生《やよい》尋常小学校の代用教員となりますが、そこで訓導（正教員）をしていたのが橘智恵子でした。彼女はその六月の一五日で満一八歳になります。啄木は二一歳でした。

智恵子は満一六歳のとき札幌の親もとをはなれ、一人でこの学校に赴任してきています。一六歳の娘を遠い函館に単身で赴任させることのできた両親というのはこんな人物でした。

父橘仁《じん》は越中の国（富山県）射水《いみず》郡の出ですが、その父（智恵子の祖父）はその地方の一〇ヵ村の長《おさ》をやっていた庄屋だったといいます。仁は上京して働くうちに津田仙《せん》の知遇を得ました。仁は津田仙夫妻の媒酌で、これも津田の影響を受けていた矢野以津《いつ》（智恵子の母となります）と結婚し、やがてりんご園経営を夢みて津軽の海を渡ります（一八八四年〈明17〉）。そして札幌郊外にりんごを定植し数年にわたる苦心ののち栽培に成功します。北海道におけるりんご栽培経営の先駆者の一人となったのです。

母以津の父は幕末に三河国（愛知県）刈谷《かりや》藩の家老もつとめた矢野興胤《こういん》という人で、以津を東京師範学校に入れています。一八八〇年（明13）に同校を卒業した以津は東京の麹町女子小学校・富士見小学校に勤め、八二年（明15）に仁と結婚します。札幌に移ってからも彼女は公立小学校やサラ・C・スミスが開いた塾（のちの北星学園女子中高）に勤め、夫の仕事を物質的にも援助しました。

二人の間に六男一女が生まれましたがその一女が智恵子です。

ここでちょっと津田仙についてふれておきましょう。津田は黒船の浦賀来港後、英語の勉強を志し、一八六七年（慶応3）幕府の勘定吟味役の随員として福沢諭吉らとともに渡米しました。帰国後農学者として名をあげ、さらに農業の近代化と人材の育成を志して学農社農学校を設立します（仁はここで働いていました）。

他方で津田仙は帰国後間もない七一年（明4）に次女梅子を北海道開拓使派遣の女子留学生として横浜を発たせています。日本初の女子留学生五名中最年少の梅子はこの日から八日後にようやく満七歳になります。梅子は一一年後に帰国し、のちに日本女性のための高等教育開拓を志し女子英学塾（津田塾大学の前身）を起こします（一九〇〇年（明33））。

この津田仙の影響を受けた橘仁・以津夫妻によっていつくしみ育てられた娘が智恵子でした。

なお、さきに以津が札幌で教職についていたことを記しましたが、当時妻が家業とは別の近代的な職業に就いて月給をとり、これを家計の一支柱とするということはめずらしかったのではないかと思われます。智恵子の父母は現代的な共働き夫婦のかたちを一〇〇年以上も前に実現していた、ということになります。

## 職場で芽生えた恋

啄木が橘智恵子に見ていたものを、彼の短歌・日記・書簡から抽出すると、明るさ・さわやかさ・しとやかさ、あるいは清楚・純潔・気品・知性・自立心などの項目が挙がります。これらをはぐくんだ秘密を、われわれは右の事実の中にうかがうことができるでしょう。

人がいふ

鬢《びん》のほつれのめでたさを
　物書く時の君に見たりし

「鬢」は耳の前の髪の毛。「ほつれ」は端から解けること。したがって「鬢のほつれ」は結《ゆ》った髪の鬢のあたりが少し解けて耳のあたりに垂れかかっているのをいいます。そこにえもいえぬお色気を漂わせる場合があることを啄木は聞き知っていて、智恵子のそれに目を止め、心の中で讃嘆したのでしょう。

「物書く時の君」とは弥生小学校の職員室で執務中のあなた、の意であると思われます。であるならば、この歌は近代女性が職場で働く姿を詠《よ》んだものであり――他の歌人たちの作品を綿密に調べたうえでいうのでありませんが――題材的にもきわめて斬新な歌ということになります。

このあたりで啄木の智恵子への恋の軌跡をスケッチしてみましょう。

出会ったのは初出勤の日すなわち前述の〇七年（明40）六月一二日ころと思われます。同じ職員室で仕事をしたのは丸一ヵ月程度でした。七月中旬からは啄木の欠勤、夏休み、そして八月二五日の函館大火と続きましたから。大火で学校も学籍簿も多くの生徒の家も焼けてしまいました。八月三〇日から学校は仮事務所を設け罹災《りさい》状況の調査等をはじめます。啄木もその作業に参加します。そんな九月四日の日記に同僚たち一二名への観察結果を記しています。歯に衣《きぬ》着せぬ辛辣《しんらつ》な批評の多い中に、最後を飾る次の一文はひときわ目を引きます。

　橘智恵君は真直に立てる鹿ノ子百合《かのこゆり》なるべし。

これが啄木の文章中に現われる最初の橘智恵子です。

九月九日、啄木、吉野章三、岩崎正の三人は吉野宅で大いに飲みかつ語りますが、日記に「例の如く神を語り詩を語り恋──わが恋を語れり」とあります。智恵子に対する恋愛感情が記された最初です。節子夫人のいる自宅ではしゃべれなかったことを、吉野宅でうちあけたというわけです。

　九月一一日「午後仮事む所に大竹校長を訪《と》いて退職願を出しぬ。座に橘女史あり、札幌の話をきけ

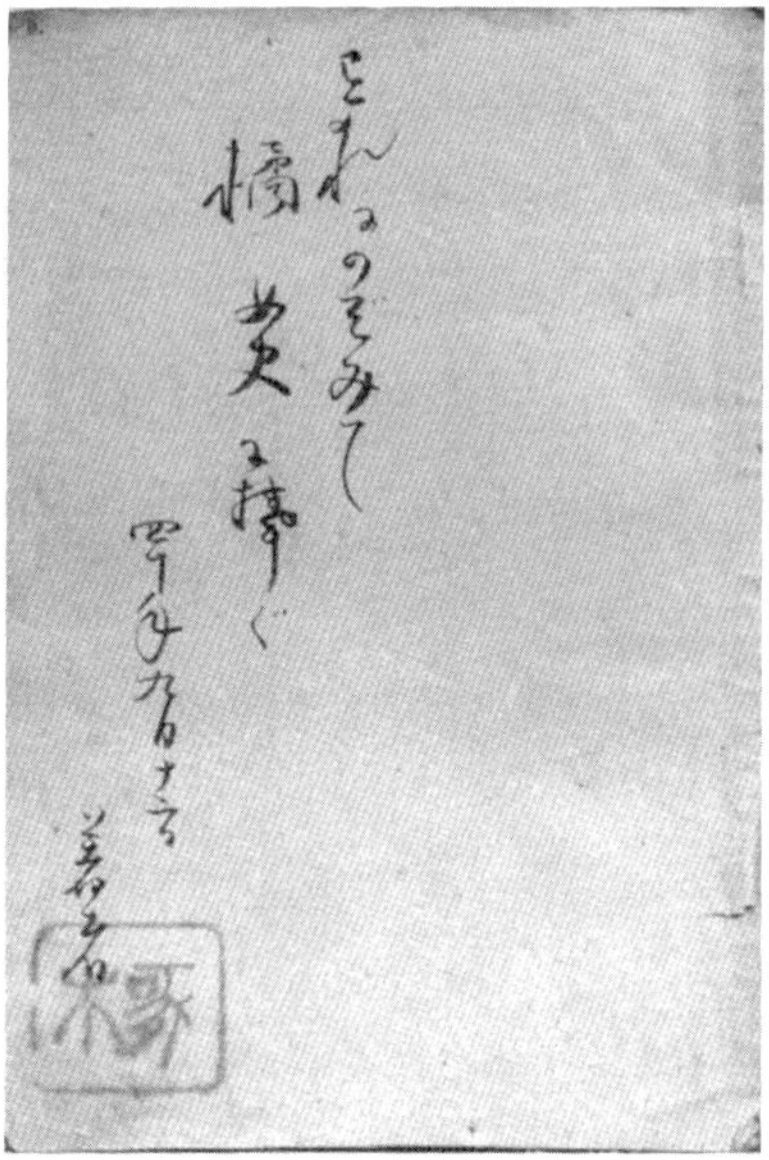

『あこがれ』扉の献辞

り」。これが二人の挨拶以上の言葉を交した最初です。

九月一二日「朝のうちに学校の方の予が責任ある仕事を済し、ひとり杖を曳《ひ》いて、いい難き名残を函館に惜しみぬ。橘女史を訪うて相語る二時間余」。二人きりでゆっくり話をした最初で最後のひと時でした。このとき彼は自分の第一詩集『あこがれ』の扉に「わかれにのぞみて　橘女史に捧ぐ　四十年九月十二日　著者」と記し、「啄木」の印章を押して持参し、彼女に渡しました。翌日、佳《よ》き人のイメージを胸に秘めて函館を去りました。

この人のイメージが啄木の中にくっきりと顕《た》つことになるのは一年と数ヵ月後で、それまでの間に以下のような経過がありました。

「北海道の近代」の章で見たように、五ヵ月後の〇八年（明41）二月釧路で小奴と出会います。

**おかしな恋三つ**

同年四月末啄木は自己の「文学的運命を極度まで試験す」べく、作家となって家族を養うべく、単身上京しました。妻と離れて暮らす二二歳の青年詩人はこの年おかしな〝恋〟を三つたてつづけにします。

その1。啄木が詩集『あこがれ』を上梓《じょうし》するために上京していたある時、新詩社同人の演劇会が両国の伊勢平楼で催されました（〇五年（明38）四月）。啄木はここで植木貞子《ていこ》というきれいな女の子と知りあいます。京橋の踊りの師匠の娘だとかで。その後たまに手紙のやりとりをする仲となり、釧路にいたときにも「長い長いたより」をもらい、啄木も返事を出しています。この女性が、上京して赤心館に下宿している啄木のもとに足繁く通うようになります。そして一週間もしないうちに肉体関係をもちます。が、この関係の持続に強い不安を感じたらしい啄木は、間もなく強引に関係を断ちきりました。

そして日記に「恋をするなら、仄《ほの》かな恋に限る」（六月二三日）と記しました。

その2。釧路にいて貞子から四通目の便りを受けとって、おそらく、微妙に胸のときめいていたであろうそのころ、啄木は与謝野寛《ひろし》にたのまれて突然『明星』の短歌欄の選者となり、四月号分の選をすませて投函しました（三月二四日）。選ばれた歌の作者三〇人の中に菅原芳子という人がいました。この人は歌の筋のいい人と見え、彼女の歌だけが四首も選ばれています。啄木は釧路時代すでに菅原芳子に注目したようです。さて六月二三日に「仄《ほの》かな恋に限る」と書いて二日後「豊後臼杵《ぶんごうすき》町なる芳原よし子氏から絵葉書」が届きます。

歌も文章も上手なこの人に啄木はあらん限りの妄想を塗り重ねたらしく、突如として〝恋〟し、六月二九日長文の恋文めいた手紙を書きます。二二歳の肉体の欲求と並はずれた想像力とが織りなす妄想は、以後八通のラブレターの中に展開します。途中からどうしても写真がほしくなって、ためらう芳子を口説き落としとうとう写真を送ってもらいます。それを見て愕然《がくぜん》としたらしく、〝恋〟は一気に醒《さ》めます。

その3。菅原芳子らと臼杵で小さな文学サークルを作っていた平山良太郎という青年が芳子からいきさつを聞いたらしく、平山良子という若い女に化けて啄木にファンレターと詠草を送ります。マンマとひっかかってきた啄木に良太郎は自分の写真だといって京は祇《ぎ》園《おん》の名妓の写真を送ります。今度は芳子の場合と真反対の意味で愕然とした啄木は写真を机上に飾りますが、どうも腑に落ちぬ思いのうちに年も暮れます。

明けて〇九年（明41）の一月五日、啄木は平山「良子」から手紙と『スバル』の前金等を受けとります。そして橘智恵子からの年賀状（封書）が届きます。翌日啄木は、返事をしたためるとともに『スバル』創刊号を智恵子に送ります。この近代文学史上に名高い文芸雑誌の創刊当時中心的な仕事をしたのが啄木でした。

前金を送ってきた平山「良子」にも『スバル』を発送するとともに、手紙を出します。ところが、一月一五日に菅原芳子から、平山は実は男であるとの手紙が来て、啄木はしらけてしまいます。

こうして三つの〝恋〟は終わります。この三つの〝恋〟を見てわかることは、啄木が恋なしにはいられぬタイプの人間だということです。これは人間の普遍的なタイプの一つです。古くは在原業平《ありわらのなりひら》あり和泉式部《いずみしきぶ》あり、近代では北村透谷《きたむらとうこく》あり与謝野晶子《よさのあきこ》ありで、枚挙にいとまなし、です。

啄木は少年期の終わるころの一九〇一年（明34）から堀合節子に夢中になり、婚約し、結婚します（〇五年）。渋民村での代用教員時代（〇六年四月から翌年四月）には年度途中上野さめ子の後任として赴任してきた同僚の堀田秀子にあわい恋心を抱いたようです。妻を愛することと妻に恋愛感情を抱くこととの間に乖離《かいり》が生じたのでしょう。さきに見たように〇七年の北海道時代には橘智恵子に恋し、〇八年には小奴と恋愛し、そのあと三つの〝恋〟をした、というわけです。

## 「ローマ字日記」の智恵子

こうして〇八年（明42）一月一五日の段階で啄木に残った唯一人の「恋」人が橘智恵子でした。（小奴は当時「ダンナ」を持つ身でしたから「恋」の相手にはなりえません。啄木の「恋」の相手の決定的に重要な条件の一つに「独身」ということがありました。）

翌日すなわち一月一六日智恵子からではなく母の以津からはがきがきました。雑誌・手紙の受領と智恵子の病気を知らせたもののようです。二月一〇日に同じ人から智恵子の入院を知らせるはがきが来ます。一七日の日記に啄木は「智恵子さんのことが頭にはびこった」と記し、二二日「夜橘ちえ子さんの母君へ長い手紙」を書きました。

三月六日、智恵子の母から、また熱が高くなっていて退院の目途が立たぬ旨の手紙、啄木は翌日智恵子あてに封書を出します。おそらくねんごろな見舞状でしょう。智恵子は生死の境をさまよう大病をわずらっていました。

ところで今見ている〇九年（明42）の一月以後（の半年間）というのは啄木の人生にとって特別に重要な時期でした。北海道から上京し、八ヵ月間がんばってみたもののどうしても会心の小説が書けない啄木は根底から自信を喪失しつつあったのです。彼の「自信」とは自らを文学的天才と信ずることでありました。小説の書けない自分を認めることは自分が天才ではなかったと認めることだと彼は思いこんでいました。彼は自分の天才の開花を人生の究極目標にしていたのですから、自分が天才でないとすると、これまでの人生は虚無に向かって驀進《ばくしん》していたにすぎず、これからの人生もまた向かうべき目的がない、すなわちただ虚無しか待っていない、ということになるのでした。

一月、二月、三月と彼の焦燥と煩悶は深まっていきました。そうして彼は人生最大の危機に直面します。苦悶にのたうちまわる日々がやってきたのです。有名な「ローマ字日記」（四月七日〜六月一六日）こそその時の記録です。

さて、三月六日に智恵子に見舞状を出してひと月後の四月七日、すなわち啄木がローマ字日記をつけはじめたその初日のことでした。啄木のもとに「サッポロのタチバナ・チエコさんから、病気がなおって先月二六日に退院したという　ハガキがき」ます。これを受けとって二日後の四月九日、日記に次のように記されました。

おとといきたときは　なんとも思わなかった　チエコさんのハガキを見ていると、なぜかたまらないほど恋しくなってきた。「人の妻にならぬ前に、たった一度でもいいから　会いたい！」そう思った。

チエコさん！　なんと　いい名前だろう！　あのしとやかな、そして軽やかな、いかにも若い女らしい歩きぶり！　さわやかな声！　ふたりの話をしたのは　たった二度だ。一度はオオタケ校長のうちで、予が解職願いを　持っていったとき。一度はヤチガシラの、あのエビ色の窓かけのかかった　窓のある部屋で――そうだ、予が『あこがれ』を　持って行ったときだ。どちらもハコダテでのことだ。

ああ！　別れてから　もう二〇ヵ月になる！（桑原武夫編訳『啄木　ローマ字日記』）

こんなにきれいな文章が書けても、あの美しい歌々二二首になるためには、まだいくつもの条件に欠けていました。

## 石川啄木の回心

まず啄木の「人間」が変わらねばなりませんでした。金を借りてはふみたおし、借金の山を築いた啄木、ウソつき・ホラ吹きと言われた啄木、貧窮の家族に送るべき金を握って私娼窟《ししょうくつ》に通った啄木、職についても移り気（?）で転々とした啄木、勤務をめちゃくちゃにサボリ下宿で小説や日記を書いていた啄木、こうした啄木の根底にあったのはつらい現実に直面するとそれから目をそむけ、なんらかのかたちの逃避を行なって自他をあざむく、という生活態度でした。逃避するときの言い訳は「石川啄木の天才を実現するためだ」でした。一言で表わすと、啄木独特の天才主義的浪漫主義が啄木の生活に規定的に作用していたのです。

この浪漫主義をほぼ焼き尽くした時期の記録が「ローマ字日記」です。「ローマ字日記」という煉獄《れんごく》を経た一九〇九年（明42）の秋、前述の節子の家出もあり、啄木はすっかり生まれかわります。いかなるつらい現実であろうとも、直視し、決して逃げない啄木が誕生するのです。紙幅がありませんから、くわしいことは小著『国家を撃つ者　石川啄木』（同時代社）の第二章にゆずります。

ともかく一九〇九年秋以前の啄木、以後の啄木は前述したような側面に関しては峻別《しゅんべつ》する必要があります。一九〇九年秋以降にも金や女にだらしない啄木、ウソつき・ホラ吹きの啄木、移り気サボリ屋の啄木等のイメージをもちこむのは啄木誤解の大源泉になります。

井上ひさし氏が啄木の生涯における「最大の回心」と呼んだこの劇的な転回をつかんでおくことは、啄木理解の最大のポイントの一つです。

長き文《ふみ》
三年《みとせ》のうちに三度《みたび》来《き》ぬ
我の書きしは四度《よたび》にかあらむ

「長き文」を書いたのは橘智恵子ですが従来啄木研究者も啄木短歌のファンもこの「長き文」にまったくといっていいほど注意を払いませんでした。そして「忘れがたき人人二」の歌々に啄木の「哀切極りなき片恋」（吉田孤羊）や「架空の恋」（今井泰子）しか読みとらないのがふつうです。しかし掲出歌を発表した一九一〇年（明43）五月一七日以前に「三度来《みたび》」た「長き文」については考察が必要です。

まず「三年《みとせ》」とは一九一〇、〇九、〇八年の三年です。「三度《みたび》」のうちの最初は前述した〇九年（明42）一月五日に着いた封書でしょう。二度目は「ローマ字日記」中の四月二四日に届いた封書と思われます。その中に「おひまあらばハガキなりとも——」と智恵子の方から書いています。

「ローマ字日記」の煉獄にいた啄木はちゃんとした返事を書けませんでした。六月二日になって無音《ぶいん》を言い訳するはがきを出しました。以後半年間については資料がないのではっきりしません。ただ、智恵子がこのはがきをのちの日まで保管していたこと、この間に啄木がまったく新しい啄木になったことは重要な事実です。

明けて一〇年（明43）正月、啄木の年賀状が智恵子に届き、智恵子からの年賀状もおそらく五日前後に啄木の許に届いています。この賀状こそ「三度《みたび》」目の「長き文」と思われます。この「長き文」を書いたのが啄木ではなく智恵子の側であったことに注意して下さい。

## 長き文

これに対し啄木（新しい啄木です）はどうしてか返事を出しませんでした。一年半ほど前、会ったこともない菅原芳子に「かくも恋して、何故《なにゆえ》に親しく……その燃ゆる唇に口づけする能《あた》わざるか！　更に、我かくも身も心も火の如く燃えつつ、何故にお身の柔かき玉の肌を抱（く）……こと能《あた》わざるか！」などと書いていた啄木でしたが。

しかし一月九日に、啄木がもっとも敬意を払った年長の友人で札幌に住むようになった大島経男にあててこう書いています。

札幌！　私のすきな札幌！　いたのは二週間にすぎませんでしたが、思出は少なからずあります、そして今、私の知っている或る美しい、そして悲しい人が其処《そこ》で長い病の床《とこ》についていいます、私は今後その人の名とあなたの名によって札幌を思出すことが一層多いでしょう……

智恵子は退院後九ヵ月たってもまだ予後がよくなかったようです。（しかしこの年五月彼女は兄の友人北村謹《きん》と結婚しますからこのあと全快するのでしょう。）

この正月までの半年の間も啄木のことですから折にふれて思い出していたにちがいない女性、年賀を兼ねて、年賀を機会に、という節度のうちながらも「長き文」を寄せてくれた憧れの女性橘智恵子、啄木の心がこの「長き文」によってさらに深く動いたであろうことは疑いありません。大島宛の手紙が一つの証拠です。しかし啄木は返事を出さなかった、なぜか？

新しい啄木は、この恋が成就しない（結婚等にまで発展することはありえない）という現実を直視していました。妻子老父母（父も上京していた）を扶養せねばならぬ自分の責任を正面から引き受けていました。であればこの恋は恋として推しすすめるべきではない。こうして啄木は「思い」を内面におしとどめることにした、と思われます。

ところが恋せずにはいられぬ啄木――妻と母とのいさかい等がそれに拍車をかけたはず――ですから彼の内面には逆に「思い」が満ちて行きます。

「とめればとめるほど燃えたつのが恋です」（シェークスピア）　理性の啄木が恋する啄木を「とめればとめるほど」炎は大きくなろうとします。

## 歌となってあふれ出る恋

そして三月中旬、啄木はその「思い」に表現を与える道を切り拓くことになります。のちに啄木調とよばれるようになる、調べも内容もまったく新しい短歌を創出するのです。

啄木に歌が自然に湧いてくるときはたいてい、文学的あるいは思想的に、または生活上で行きづまっている時ですが、この三月から五月末にかけての時期も思想上の閉塞状態にありました。

なによりもまずふつうの生活者であろうとした当時の啄木は「読書を廃し、交友に背き、朝から晩まで目をつぶったような心持でせっせと働いて」いました（宮崎郁雨宛、三月一三日）。

意に満たぬ日々が忙しい生活のうちに流れ去る。そんなある日、おそらく四月の中旬から下旬にかけてのころ、次の一首が結晶します。

いそがしき生活《くらし》のなかの時折の物思ひをば誰が為にする

そして次の歌々が。

函館のかの焼跡を去りし夜の心残りを今も残しつ
頬《ほ》の寒き流離《りうり》の旅の人として路問《みち》ふほどの事言ひしのみ
忘れをればひよつとした事が思出の種にまたなる忘れかねつも

深く内面化した恋はこれら美しい歌々となってついに湧出《ゆうしゅつ》してきたのです。

五月八日の『東京毎日新聞』に次の五首が載りました。

何時《いつ》なりけむ夢にふと聞きて嬉《うれ》しかりし其《その》声もあはれ長く聞かざり
人がいふ鬢《びん》のほつれのめでたさを物書く時の君に見たりし
彼《か》の時に言ひそびれたる大切の言葉のみが今も胸に残れり
冷《ひやや》かに清き大理石《なめいし》に春の日の静かに照るはかゝる思ひならむ

世の中の明るさのみを吸ふ如き黒き瞳は今も目にあり

そして五月一七日には次の二首が。

長き文三年《ふみみとせ》のうちに三度《みたび》来ぬ我の書きしは四度《よたび》にかあらむ

しみじみと物うち語る友もあれ君の事など語り出でなむ

## 高く厚い壁を前に

ふたたび恋は内面化し、四ヵ月半ほどが経過します。その途中である六月初め大逆事件の衝撃が啄木をとらえます。啄木は事件の捜査そのものがまだ極秘でしかも初期段階にあるときに前章で見たような研究をはじめます。そして時代認識の最先端に立ってしまったのです。それは同時にあまりに高くあまりに厚い壁(「強権」)を認識したことでもありました。たちはだかるその壁を前にして啄木の精神は高く緊張しています。

そうした時期のうちにある一〇月四日妻節子が長男真一を出産します。出産費用捻出《ねんしゅつ》のために、歌集原稿「仕事の後《のち》」をもって東雲堂《とううん》におもむき、二〇円で買いとってもらうことになりました。売れることがきまったとたんに、啄木は原稿をもって帰ることにしました。きっと一週間か一〇日と期限をきってよりよいかたちにして入稿すると約束したのでしょう。

さっそく原稿の手直しをはじめますが、そのときの彼をとりまく生活条件の主なものは次のようでした。

前述のように啄木は九月一五日から朝日歌壇の選者になって仕事が（収入とともに）ふえていました。一〇月からは週六日の通常出勤のほかに三日に一度の夜勤もやるようになり、いっそう忙しくなっていました。『二葉亭全集』第二巻の校正の仕事もありました。生まれた子もその母も健康がすぐれませんでした。

こうして、「時代閉塞の現状」をもっとも深く認識し、他方仕事の忙しさは「殆《ほとん》ど言語に絶」する（吉野章三宛書簡）状態にあるそのときに、短時間での手直しを約束して原稿をもちかえったのです。啄木の天才の不思議はこういう強いプレッシャーがかかってくると歌がとめどもなく湧き出すところにあるのでした。

結局「仕事の後《のち》」に編集した歌から三、四十首を削り、新しく作った歌を七、八十首加え、書名を「一握の砂」とかえ、さらに湧き出してとまらない歌々が一二〇首。それらを加え、またまた再編集・清書して、東雲堂に入れたのはおそらく一〇月の一九日でした。

この約二週間で作った新しい歌二六一首には名歌秀歌が大変多く、うち七割を占めるのが盛岡中学校時代と北海道漂泊時の回想歌および渋民村をめぐる望郷歌でした。

ところで高村光太郎が同じころ（一九一一年〈明44〉）北原白秋の第二詩集『思ひ出』をめぐってこう書きました。『思ひ出』は「近頃続出する追憶文学の中で特に異彩を放っている。多くの矛盾と、重圧とに堪えきれない今の空気の中で、追憶は一種の避難所である」と。前述のように啄木の回想・望郷歌群もたしかにそのような意味をもっていました。それは彼のおかれている状況を考えればおのずと明らかでしょう。

しかし他の大多数の青年たちと決定的にちがったのは、彼が「時代閉塞の現状」に真正面から対峙《たいじ》していた点です。その意味で啄木にとっての回想・望郷は「不断に『敵』とたたかう戦闘的精神が翼をやすめる場所」（石母田正《いしもたしょう》）でもありました。

## 二二の宝石の小函

さて、北海道時代の回想歌の中に橘智恵子を憶う歌が十数首ありました。五月以来深く潜んでいた「思い」がこの時にまた湧出したのです。現実が重くくるしいだけ、恋の思い出と愛恋の情は甘美にして哀切です。三首のみを次に掲げましょう。

さりげなく言ひし言葉は
さりげなく君も聴きつらむ
それだけのこと

君に似し姿を街《まち》に見る時の
こころ躍《をど》りを
あはれと思へ

わかれ来て年を重ねて
年ごとに恋しくなれる
君にしあるかな

このときできたうちから一一首を選び、さきに見た四、五月の作品一一首を合わせ、計二二首からなる一章を編みました。これが「忘れがたき人人　二」です。智恵子は明治二二年生まれで当時二二歳でした。したがってこの章は、智恵子がこの世に生を享《う》けたこと、そして二二歳を迎えたことを祝う二二個の宝石入りの小函だったのです。

『一握の砂』は一二月一日に出版され、札幌にいる智恵子にも一冊が送られました。『あこがれ』のようなたいしておもしろくもない詩集でさえ愛蔵していた智恵子ですから『一握の砂』もすぐ読んだことでしょう。そのときの智恵子の心をわれわれは追体験すること

22歳の橘智恵子（1910年撮影）

ができます。「長き文」に対して一年間も返事をくれなかった石川さんが突然斬新な書名洗練された装丁の歌集を送ってくれた、という事情、そしてこれまで見てきた諸事情、さらに智恵子はすでに人妻となっていたという事情をふまえて読んでゆくのです。「忘れがたき人人　二」の終わりの方から読むのがいいでしょう。

「二」にさしかかったとき

　いつなりけむ
　夢にふと聴きてうれしかりし
　その声もあはれ長く聴かざり

が現われます。智恵子はこの歌をはじめて読んだとき自分のこととは気づかなかったでしょう。どの歌までいったとき気づきはじめたのか、そのあとにつづく一首一首をどう読みとっていったのか。

智恵子のおどろき、高鳴る鼓動、紅らむ面輪《おもわ》までが想像できてしまいます。じつに巧みに編集されています。一年近く自制していた詩人がとうとう書いた、一月の「長き文」への返事でもありました。

これほど巧みにみちた、真情にみちた、そのうえ最上の文学性によってつらぬかれた恋文は稀有《けう》といえましょう。

## 美しくほのかな恋

智恵子はこの「恋文」にどう返事してよいのか、思いあぐねていたようです。返事を待ちきれなくなった啄木ははがきを出します。

心ならぬ御無沙汰のうちにこの年も暮れむといたし候、雪なくてさびしき都の冬は夢北に飛ぶ夜頃《よごろ》多く候、数日前歌の集一部お送りいたせし筈に候いしが御落手下され候や否や、そのうちの或《あ》るところに収めし二十幾首、君もそれとは心付き給いつらむ、塵埃《じんあい》の中にさすらう者のはかなき心なぐさみをあわれとおぼし下され度く、おん身にはその後いかゞお過し遊ばされ候いしぞ

あと七日にて大晦日という日の夜

これを受けとった智恵子は歳暮のうちにすぐさま年賀状を兼ねて礼状を出しました。今

年五月に結婚したこと、牧場でとれたバターを送ることなど書き添えてありました。

智恵子は一九二二年（大11）に亡くなるまで『一握の砂』を大切にしていました。そして当時の通念からすれば夫には見せられない内容のはがきもどうしてもとっておきたかったようです。はがきのある箇所（文中アミをかけてある部分）に厚紙をはり、『一握の砂』の裏表紙見返しにはがき表をはりつけて保存しました。

啄木のはがきは抑制のきいた美しい文章ですが、文字はかなり乱雑です、彼にはめずらしく。実はこのとき彼の内部には不治の病がおそろしいいきおいで進行していました。あの一〇月を中心とする前後三ヵ月くらいの超凡の仕事は彼の身体をはげしく衰弱させ、すでに感染していた結核菌を猛烈に繁殖させたようです。『一握の砂』を出した一二月ごろからひどい脱力感としつこい身体の不調を意識しはじめます。このはがきの文字を見ていると、気力をふりしぼってペン先に力をこめていないと文字が途切れてしまいそうななか、必死に書いている姿が目に浮かんできます。『一握の砂』という歌集そのものが啄木の生命とひきかえに誕生したものでした。

もうペンを擱《お》くことにします。

これまで見たところでお分かりのように橘智恵子は当時にあってすぐれて近代的な女性でありました。

二人の間には、啄木の「片恋《かたおもい》」とか啄木の「架空の恋」といってかたづけることのできない、美しい慕情が交流していました。それは次にあげるような意味において近代的な恋愛の一つの形であった、ともいえましょう。

ひとつ。二人の相手に対していだく慕情には性的なものが昇華されています。これは近代に特徴的な恋の一つの形で、はじめの章に述べた北村透谷の説く「恋愛」のカテゴリーに属しています。

ふたつ。女性の勤めうる数少ない近代的職場（小学校）で芽生えた、そこで働く女性への恋であったこと。

みっつ。妻子ありの男性が職場の同僚を好きになるというのは、近代的というか現代的というか、これまた非常に新しい形でした。しかも女性の側からもほのかに慕情を寄せていたのですから……。

よっつ。啄木が函館を去ってのち二人の間を媒介していたのは、近代的郵便制度でした。

次の一首でこの章を結びます。一首中の「言ひやらば」は「手紙で言ってやると」の意味です。

死ぬまでに一度《いちど》会はむと
言ひやらば
君もかすかにうなづくらむか

# 参考文献

（本文中に書名を掲げたもの、石川啄木研究書は除く。）

**近代の断片**

作田啓一『深層社会の点描』（筑摩書房、一九七三年）

橋本峰雄『性の神』（淡交社、一九七六年）

中川善之助『新憲法と家族制度』（国立書院、一九四八年）

『白堊校百年史　通史』（岩手県立盛岡第一高等学校ほか、一九八一年）

**北海道の近代**

小林真人「明治二〇、三〇年代の函館商業と商人」（『地域史研究はこだて』第四号、一九八七年一月）

根本直樹「都市間比較から見た函館の地位とその空間」（『地域史研究はこだて』第二一号、一九九五年三月）

『北海道鉄道百年史　上巻』（日本国有鉄道北海道総局、一九七六年）

『札幌の樹々』（札幌市・札幌市教育委員会、一九八六年）

**近代都市と望郷**

有山輝雄『近代日本ジャーナリズムの構造　大阪朝日新聞白虹事件前後』（東京出版、一九九五年）

『日本人とてれふぉん　明治・大正・昭和の電話世相史』（財団法人逓信協会、一九九〇年）
大石嘉一郎編『日本産業革命の研究（上・下）』（東京大学出版会、一九七五年）
石井寛治『日本の産業革命　日清・日露戦争から考える』（朝日新聞社、一九九七年）
篭山京編集・解説『生活古典叢書　第五巻　女工と結核』（光生館、一九七〇年）

**近代日本のネガ**

飛鳥井雅道『明治大帝』（筑摩書房、一九八九年）
神崎清『革命伝説　大逆事件の人びと（全四巻）』（芳賀書店、一九六八〜六九年）

**近代女性のイメージ**

『看護のあゆみ――明治・大正・昭和を通して――』（東京大学医学部附属病院看護部、一九九一年）
『看護教育百八年のあゆみ』（東京大学医学部附属看護学校、一九九五年）
もろさわようこ『おんなの歴史（下）』（未来社、一九七〇年）
福地順一「橘智恵子の家系」（『北方文芸』、一九七八年一一月）
村瀬正章「刈谷藩士矢野半兵衛と橘智恵子」（『三河地域史研究』第一〇号、一九九二年一一月）

青木栄一、赤木三郎、池田功、田中英夫、柳沢明安、山内秀夫、山本玲子、遊座昭吾、横山強の各氏からは貴重なご示教、ご援助を賜りました。記して謝意を表します。

# あとがき

「暗い」「貧しい」「蒼白い」「弱々しい」「歌をつくるしか能がない」などという石川啄木のイメージはどこから湧いてきたのでしょう。このイメージが若い人々の中に根強く定着しているのは、彼らがどこかでそんな啄木を教わったからなのでしょう。そんな事実にあわない啄木像は雲散霧消してほしいものです。

本書は啄木の評伝ではないので、とりあげられる歌に応じて、いろんな時期の啄木が時間的な脈絡と無関係に姿を現わしています。したがって読者のなかには、さまざまの啄木が入りまじってしまいちょっと混乱している、という方があるかもしれません。そういう方は本書の最後の章でもすでに述べたことですが、次のポイントにもどって整理してみてください。

その啄木は一九〇九年（明42）秋（九～一〇月）以前の啄木か、以後の啄木かを確認するのです。「以前」の啄木なら、世に名高いさまざまのマイナス面をひきずる啄木です。「以後」の啄木はそのマイナス面を克服して新しく誕生した啄木です。すなわち『一握の砂』「時代閉塞の現状」「呼子《よぶこ》と口笛」等の作者石川啄木です。

本書は一九九七年二月の起稿で一〇月には脱稿の予定でした。しかし予想の何倍も難渋し、吉川弘文館編集第一部の上野久子さんに大変ご迷惑をかけてしまいました。やさしく辛抱づよく待ちかつ励ましてくださった上野さんに深い感謝の念を捧げます。

読みにくい手書きの原稿が、若い有能な編集者を得て、一冊の本に成ろうとしている、その過程に身をおく著者はしあわせです。岡庭由佳さんありがとう。

一九九九年一〇月三〇日

近藤典彦

著者紹介
一九三八年、北海道生まれ
一九六四年、東京大学文学部国史学科卒業
現在、群馬大学教授
主要著書
マルクスの生産概念　国家を撃つ者　石川啄木
石川啄木と明治の日本　啄木　六の予言

歴史文化ライブラリー
84

啄木短歌に時代を読む

二〇〇〇年一月一日　第一刷発行

著　者　近《こん》藤《どう》典《のり》彦《ひこ》

発行者　林　英男

発行所　株式会社　吉川弘文館
東京都文京区本郷七丁目二番八号
郵便番号一一三―〇〇三三
電話〇三―三八一三―九一五一〈代表〉
振替口座〇〇一〇〇―五―二四四
印刷＝平文社　製本＝ナショナル製本
装幀＝山崎　登

© Norihiko Kondō 2000. Printed in Japan

歴史文化ライブラリー

1996.10

## 刊行のことば

現今の日本および国際社会は、さまざまな面で大変動の時代を迎えておりますが、近づきつつある二十一世紀は人類史の到達点として、物質的な繁栄のみならず文化や自然・社会環境を謳歌できる平和な社会でなければなりません。しかしながら高度成長・技術革新にともなう急激な変貌は「自己本位な刹那主義」の風潮を生みだし、先人が築いてきた歴史や文化に学ぶ余裕もなく、いまだ明るい人類の将来が展望できていないようにも見えます。このような状況を踏まえ、よりよい二十一世紀社会を築くために、人類誕生から現在に至る「人類の遺産・教訓」としてのあらゆる分野の歴史と文化を「歴史文化ライブラリー」として刊行することといたしました。

小社は、安政四年(一八五七)の創業以来、一貫して歴史学を中心とした専門出版社として書籍を刊行しつづけてまいりました。その経験を生かし、学問成果にもとづいた本叢書を刊行し社会的要請に応えて行きたいと考えております。

現代は、マスメディアが発達した高度情報化社会といわれますが、私どもはあくまでも活字を主体とした出版こそ、ものの本質を考える基礎と信じ、本叢書をとおして社会に訴えてまいりたいと思います。これから生まれでる一冊一冊が、それぞれの読者を知的冒険の旅へと誘い、希望に満ちた人類の未来を構築する糧となれば幸いです。

吉川弘文館

〈オンデマンド版〉
# 啄木短歌に時代を読む

On Demand
歴史文化ライブラリー
84

2017年（平成29）10月1日　発行

著　者　近《こん》藤《どう》典《のり》彦《ひこ》
発行者　吉川道郎
発行所　株式会社　吉川弘文館
〒113-0033　東京都文京区本郷7丁目2番8号
TEL　03-3813-9151〈代表〉
URL　http://www.yoshikawa-k.co.jp/

印刷・製本　大日本印刷株式会社
装　幀　清水良洋・宮崎萌美

近藤典彦（1938～）
© Norihiko Kondō 2017. Printed in Japan
ISBN978-4-642-75484-2

JCOPY　〈(社) 出版者著作権管理機構　委託出版物〉
本書の無断複写は著作権法上での例外を除き禁じられています．複写される場合は，そのつど事前に，(社) 出版者著作権管理機構（電話 03-3513-6969，FAX 03-3513-6979，e-mail: info@jcopy.or.jp）の許諾を得てください．